学术引领系列

国家科学思想库

未来10年中国学科发展战略

管理科学

国家自然科学基金委员会
中国科学院

科学出版社
北京

图书在版编目(CIP)数据

未来10年中国学科发展战略·管理科学/国家自然科学基金委员会，中国科学院编.—北京：科学出版社，2012
（未来10年中国学科发展战略）
ISBN 978-7-03-032875-5

Ⅰ.①未… Ⅱ.①国… ②中… Ⅲ.①管理学-学科发展-发展战略-中国-2011～2020 Ⅳ.①C93-12

中国版本图书馆CIP数据核字（2011）第243506号

丛书策划：胡升华　侯俊琳
责任编辑：汪旭婷　李　䶮　程　凤 / 责任校对：邹慧卿
责任印制：李　彤 / 封面设计：黄华斌　陈　敬

科学出版社出版
北京东黄城根北街16号
邮政编码：100717
http://www.sciencep.com
北京凌奇印刷有限责任公司印刷
科学出版社发行　各地新华书店经销
*
2012年3月第　一　版　开本：B5（720×1000）
2022年1月第七次印刷　印张：11 3/4
字数：162 000

定价：60.00元

（如有印装质量问题，我社负责调换）

联合领导小组

组　长　孙家广　李静海　朱道本

成　员　（以姓氏笔画为序）

王红阳　白春礼　李衍达
李德毅　杨　卫　沈文庆
武维华　林其谁　林国强
周孝信　秦大河　郭重庆
曹效业　程国栋　解思深

联合工作组

组　长　韩　宇　刘峰松　孟宪平

成　员　（以姓氏笔画为序）

王　澍　申倚敏　冯　霞
朱蔚彤　吴善超　张家元
陈　钟　林宏侠　郑永和
赵世荣　龚　旭　黄文艳
傅　敏　谢光锋

战略研究组

组　长	郭重庆	院　士	国家自然科学基金委员会管理科学部
副组长	马志明	院　士	中国科学院数学与系统科学研究院
成　员	郭　雷	院　士	中国科学院数学与系统科学研究院
	彭实戈	院　士	山东大学
	林　群	院　士	中国科学院数学与系统科学研究院
	黄海军	教　授	北京航空航天大学
	陈国青	教　授	清华大学
	吴冲锋	教　授	上海交通大学
	吴世农	教　授	厦门大学
	王重鸣	教　授	浙江大学
	贾建民	教　授	西南交通大学
	薛　澜	教　授	清华大学
	汪寿阳	研究员	中国科学院数学与系统科学研究院
	魏一鸣	教　授	北京理工大学
	牛文元	研究员	中国科学院科技政策与管理科学研究所
	李一军	教　授	国家自然科学基金委员会管理科学部
	张　维	教　授	天津大学
	陈晓田	研究员	国家自然科学基金委员会管理科学部

秘 书 组

组　长	魏一鸣	教　授	北京理工大学
副组长	张　维	教　授	天津大学
	赵世荣	研究员	中国科学院院士工作局
成　员	韩智勇	研究员	国家自然科学基金委员会办公室
	姚　忠	教　授	北京航空航天大学
	吴晓晖	教　授	厦门大学
	梁　正	副教授	清华大学

张永杰	副教授	天津大学
熊　熊	副教授	天津大学
何海燕	教　授	北京理工大学
邹高峰	讲　师	天津大学

总序

路甬祥　陈宜瑜

进入21世纪以来，人类面临着日益严峻的能源短缺、气候变化、粮食安全及重大流行性疾病等全球性挑战，知识作为人类不竭的智力资源日益成为世界各国发展的关键要素，科学技术在当前世界性金融危机冲击下的地位和作用更为凸显。正如胡锦涛总书记在纪念中国科学技术协会成立50周年大会上所指出的："科技发展从来没有像今天这样深刻地影响着社会生产生活的方方面面，从来没有像今天这样深刻地影响着人们的思想观念和生活方式，从来没有像今天这样深刻地影响着国家和民族的前途命运。"基础研究是原始创新的源泉，没有基础和前沿领域的原始创新，科技创新就没有根基。因此，近年来世界许多国家纷纷调整发展战略，加强基础研究，推进科技进步与创新，以尽快摆脱危机，并抢占未来发展的制高点。从这个意义上说，研究学科发展战略，关系到我国作为一个发展中大国如何维护好国家的发展权益、赢得发展的主动权，关系到如何更好地持续推动科技进步与创新、实现重点突破与跨越，这是摆在我们面前的十分重要而紧迫的课题。

学科作为知识体系结构分类和分化的重要标志，既在知识创造中发挥着基础性作用，也在知识传承中发挥着主体性作用，发展科学技术必须保持学科的均衡协调可持续发展，加强学科建设是一项提升自主创新能力、建设创新型国家的带有根本性的基础工程。正是基于这样的认识，也基于中国科学院学部和国家自然科学基金委员会在夯实学科基础、促进科技发展方面的共同责任，我们于2009年4月联合启动了2011～2020年中国学科发展战略研究，选择数、理、化、天、地、生等19个学科领域，分别成立了由院士担任组长的战略研究组，在双方成立的联合领导小组指导下开展相关研究工作。同时成立了以中国科学院学部及相关研究支撑机构为主的总报告起草组。

两年多来，包括196位院士在内的600多位专家（含部分海外专家），始终坚持继承与发展并重、机制与方向并重、宏观与微观并重、问题与成绩并重、国际与国内并重等原则，开展了深入全面的战略研究工作。在战略研究中，我们既强调战略的前瞻性，又尊重学科的历史延续性；既提出优先发展方向，又明确保障其得以实现的制度安排；既分析各学科自身的发展态势，又审视各学科在整个学科体系和科技与经济社会发展中的地位作用；既充分肯定各学科已取得的成绩，又不回避发展中面临的困难和问题；既立足国内的现状与条件，又注重基础研究的国际化趋势。经过两年多的战略研究工作，我们不断明晰学科发展趋势，深入认识学科发展规律，进一步明确“十二五”乃至更长一段时期推动我国学科发展的战略方向和政策举措，取得了一系列丰硕的成果。

战略研究总报告梳理了学科发展的历史脉络，探讨了学科发展的一般规律，研究分析了学科发展总体态势，并从历史和现实的角度剖析了战略性新兴产业与学科发展的关系，为可能发生的新科技革命提前做好学科准备，并对我国未来10年乃至更长时期学科发展和基础研究的持续、协调、健康发展提出了有针对性的政策建议。19个学科的专题报告均突出了7个方面的内容：一是明确学科在国家经济社会和科技发展中的战略地位；二是分析学科的发展规律和研究特点；三是总结近年来学科的研究现状和研究动态；四是提出学科发展布局的指导思想、发展目标和发展策略；五是提出未来5～10年学科的优先发展领域以及与其他学科交叉的重点方向；六是提出未来5～10年学科在国际合作方面的优先发展领域；七是从人才队伍建设、条件设施建设、创新环境建设、国际合作平台建设等方面，系统提出学科发展的体制机制保障和政策措施。

为保证此次战略研究的最终成果能够体现我国科学发展的水平，能够为未来10年各学科的发展指明方向，能够经得起实践检验、同行检验和历史检验，中国科学院学部和国家自然科学基金委员会多次征询高层次战略科学家的意见和建议。基金委各科学部专家咨询委员会数次对相关学科战略研究的阶段成果和研究报告进行咨询审议；2009年11月和2010年6月的中国科学院各学部常委会分别组织院士咨询审议了各战略研究组提交的阶段成果和研究报告初稿；其后，中国科学院院士工作局又组织部分院士对研究报告终稿提出审读意见。可以说，这次战略研究集中了我国各学科领域科学家的集体智慧，凝聚了数百位中国科学院院士、中国工程院院士以及海外科学家的战略共识，凝结了参与此项工作的全体同志的心血和汗水。

今年是“十二五”的开局之年，也是《国家中长期科学和技术发展规划纲要（2006—2020年）》实施的第二个五年，更是未来10年我国科技发展的关键时期。我们希望本系列战略研究报告的出版，对广大科技工作者触摸和了解学科前沿、认知和把握学科规律、传承和发展学科文化、促进和激发学科创新有所助益，对促进我国学科的均衡、协调、可持续发展发挥积极的作用。

在本系列战略研究报告即将付梓之际，我们谨向参与研究、咨询、审读和支撑服务的全体同志表示衷心的感谢，同时也感谢科学出版社在编辑出版工作中所付出的辛劳。我们衷心希望有关科学团体和机构继续大力合作，组织广大院士专家持续开展学科发展战略研究，为促进科技事业健康发展、实现科技创新能力整体跨越做出新的更大的贡献。

前言

为了全面提升我国管理科学发展战略规划制订工作的科学性、战略性和前瞻性，促进我国管理科学的长远发展，根据《关于国家自然科学基金委员会和中国科学院合作开展“2011～2020年中国学科发展战略研究”的联合工作方案》的战略部署，2009年4月22日，“2011～2020年中国管理科学发展战略研究”工作正式启动，管理科学发展战略研究组成立并开展工作。启动会上中国科学院、国家自然科学基金委员会和管理科学部部分领导到会并作了指导性发言，管理科学发展战略研究组和秘书组全体专家参会。

管理科学发展战略研究组统筹管理科学发展和国家战略需求，全面落实《国家中长期科学和技术发展规划纲要（2006—2020年）》的战略部署，深入研究管理科学在推进科学前进和服务国民经济社会发展中的定位和作用，突出“更加侧重基础、更加侧重前沿、更加侧重人才”的战略导向，坚持“立足中国实践、促进合作发展、关注社会责任”的指导思想，明确我国管理科学未来10年的优先发展领域和学科方向，促进学科均衡发展。

2009年4月至2010年12月，管理科学发展战略研究组先后组织了100余名专家，召开了数十次研讨论证会，形成了几十份支撑材料，通过文献计量、问卷调查、专家访谈、专题研讨、专家论证等方式进行学科的战略研究规划。管理科学与工程、工商管理、宏观管理与政策三个子学科的战略研究课题组分别通过对国际、国内相关领域的核心期刊进行文献计量分析，并针对管理科学实践性强的特点对每一领域的知名专家、青年学者、组织（企业、非营利组织）管理者开展问卷调查（管理科学与工程600份、工商管理1997份、宏观管理与政策275份），组织专家开展专题研讨和论证咨询会。管理科学发展战略研究组进行了多次深入研讨，在管理科学部学科评审会议、管理科学部专家咨询委员会会议和国家自然科学基金委员会委务扩大会上多次征询意见。在此过程中，中国科学院还分别在2009年11月、2010年6月组织院士对战略研究的阶段性成果进行咨询，通过不断地修改、完善，形成了本书。

管理科学是一门实践性很强的综合性交叉学科，中国管理科学的原始创新和发展要根植于学科发展内在规律和中国特定的管理实践需求。未来10年管理科学的发展必须紧紧围绕社会发展过程中已经或将要出现的重大现实问题，提高管理研究为实践服务和支撑的能力。本书基于我国管理科学中的管理科学与工程、工商管理、宏观管理与政策三个子学科，在论述管理科学的战略地位、分析管理科学的发展规律和学科特点、总结近年来我国管理科学的研究现状和研究态势（学科地位、重要成果、资助格局和平台建设、人才队伍建设等方面）的基础上，对未来10年我国管理科学的发展布局、优先发展领域及与其他学科交叉的重点方向进行了规划，提出了14个优先发展领域和5个重大交叉领域，论述了未来10年管理科学针对不同国家和地区开展国际（地区）交流与合作的需求分析和优先领域，提出了未来10年管理科学发展的保障措施（侧重于资助格局、基础创新研究、人才队伍、设施环境、国际合作等）。

管理科学部专家咨询委员会主任由郭重庆担任，成员为王礼恒、陆佑楣、何继善、于景元、汪同三、徐伟宣、李善同、席酉民、薛澜、蔡莉。管理科学发展战略研究组分别组织了管理科学与工程、工商管理、宏观管理与政策三个子学科的战略研究课题组。管理科学与工程战略研究课题组由黄海军担任组长，刘作仪担任副组长，成员为姚忠、张人千、赵秋红、吴俊杰和徐贤浩；管理科学与工程战略研究课题组的咨询组成员为陈国青（信息管理）、吴冲锋（金融工程）、高自友（运筹）、梁樑（供应链管理）、胡祥培（系统工程）、陈晓红（决策支持系统）、马超群（金融工程）。工商管理战略研究课题组由吴世农担任组长，冯芷艳担任副组长，成员为吴晓晖、陈闯、吴联生；工商管理战略研究课题组咨询组成员为王重鸣（组织行为与人力资源）、贾建民（市场营销）、武常岐（战略管理)、陈剑(物流与供应链管理/电子商务)、唐立新(运作管理)、毛基业(信息管理、电子商务)、李新春(创新与创业管理、中小企业管理)。宏观管理与政策战略研究课题组由薛澜担任组长,杨列勋担任副组长,成员为梁正、何海燕、李应博、王郅强、钟永光;宏观管理与政策战略研究课题组咨询组成员为汪寿阳(宏观经济与政策研究、经济预测)、魏一鸣(能源战略、资源环境政策)、陈振明(公共管理与公共政策)、钟甫宁(农业经济管理)、龚六堂(宏观经济管理)、孙久文(区域经济与城镇管理)、姜克隽(资源环境政策)。

管理科学发展战略研究组在研讨及编写本书过程中,深深感到形成一份好的战略报告是十分困难的,特别是对优先发展领域难以取舍。而把握和体现科学问题的阶段性进展和时效性,提出恰当的阶段性研究目标和科学任务,将战略规划落到实处更是难上加难。本次战略研究对我们来说是一次学习的过程,希望得到各位专家和读者的批评指正,也希望本书能为引导我国管理科学未来10年的繁荣发展发挥重要作用。

郭重庆

管理科学发展战略研究组组长

2010年12月31日

摘要

一、管理科学的研究特点、发展规律与战略地位

（一）管理科学的研究特点

管理科学研究人类社会组织管理活动的客观规律及其应用，是一门跨自然科学、工程科学和社会科学的综合性交叉学科。管理科学研究主要从科学属性的角度，探索管理活动的普适性客观规律。作为人类知识体系的一部分，管理科学基础研究解决的是从人类管理实践活动中存在的问题中抽象出来的科学问题，对这类问题提出解决方法和模式并加以检验，从而构成管理科学的理论。管理科学研究追求“发现现象、解释现象”的目标，探讨大量存在于人类生产和服务活动中的特性、关系、规律及其影响因素，并通过对这些规律的掌握来寻求最优的管理决策，进而提高管理活动的效率和效果。

现代基础研究的发展受“双力驱动”，既有来自科学系统自身不断拓展和深化的内部需求动力，也有来自经济社会发展需要的动力。管理科学研究主要是由实践驱动的。在人类管理活动的实践过程中，会不断涌现出困扰管理实践者的新问题，对这些新问题的凝练，形成了管理科学研究中的科学问题，而对这些科学问题之答案的探究，则推动了管理科学理论的发展。另外，与其他学科相同，管理科学发展的另一主要驱动力也是学科自身知识体系完善的需要。

管理科学的研究对象是有人参与的社会经济活动，包含人的主动影响。人的管理行为受到人类本身固有的感觉、知觉和情绪等复杂心理因素的影响，使得人的行为具有“有限理性”这一最基本特征；而许多研究发现人的行为表现出一些特有的现象，如损失厌恶、参照依赖、现状偏见、不等值贴现等，导致人们在行为上并不总是追求“效用最大”，而是会根据对环境的认知和自己有限的思维，做出“让自己满意的选择”。因此，对于有人类参与的管理活动，必须以人类行为为研究基础。

管理科学的研究结论具有有限的“普适性”，依赖于众多因素复合而成的复杂前提假设（情景）。人类管理活动的规律性可能受到技术、制度、文化、心理、价值观乃至自然环境等长期动态变化环境因素所形成的“情景”的影响。管理科学基础研究成果的普适性可能依赖于给定情景。在这种情景依赖的特性下，一些管理理论的成立需要一些假设和应用条件。在这些条件得到满足的情形下，相应的理论往往能够作为方法层面的工具直接指导实务界去解决实际问题。在实践中，在应用条件不具备的情况下，虽然这些理论不能直接用来解决实践中的问题，但也往往能够起到借鉴和开拓思路的作用，进而提高人类管理活动的效率。

（二）管理科学的发展规律

作为一个学科领域，目前我国管理科学主要分为管理科学与工程、工商管理和宏观管理与政策三个子学科。其中，管理科学与工程主要开展管理科学的基础理论、方法、工具与技术的研究；工商管理主要以工商企业及非营利组织为研究对象，开展微观管理理论、技术与方法的研究；宏观管理与政策是研究政府及相关公共部门为实现经济、政治、文化和社会发展目标，制定宏观政策和实施综合管理行为的学科群的总和。

管理科学作为一门实践性很强的学科，在我国的发展与我国经济体制改革的深化和市场经济体制的日益完备密切相关，社会、经济与科技发展的实践对管理科学、管理理论与方法有着强烈需求，且这种需求不断增长，正是这一社会需求产生的巨大推动作用，使我国的管理科学在改革开放后获得了迅速发展甚至超常规发展。

在研究方法论上，随着自然科学研究方法论的演进和人类管理活动中环境的变化要求，管理科学的研究方法论也在演化。研究“简单”系统的思维模式的还原论，在管理科学研究过程中仍然处于主导地位；在科学技术水平不断提高的情况下，研究“复杂”系统的思维模式的整体论开始得到重视；未来的发展趋势将是两种方法论的不断融合。当前，管理科学研究者可以利用信息技术的强大功能高效率地整理、分析数据并进行建模计算，进而在更微观层面上分析个人与社会组织的管理行为互相影响下显现出来的复杂性与不确定性。同时，能够用过去无法运用的实验手段和实验设备来探索管理规律，形成新的管理研究方法；能够用演化的思想和复杂性科学理论来描述微观个体行为所“涌现”出来的规律。

长期以来，管理科学研究的方法大致分成三类：数理方法（如优化建模方法）、实证方法（如提出假设，以实际数据或案例验证方法）和实验/观测方法（如行为金融学、营销科学中以真人为被试的实验）。近年来由于计算机信息技术的快速发展，“计算”也正在逐步成为一种新的研究方法和手段。管理科学基础研究应用的主流方法从早期的实验/观测方法、实证方法，发展到近期的数理及“计算”方法，当前的趋势则是在研究方法中考虑了数理方法、实证方法、实验/观测方法和计算方法的平衡，体现了研究方法螺旋上升的趋势。

（三）管理科学的战略地位

现代科学有两个极端的发展趋势。一是朝着细分学科的深度方向发展，研究的问题越来越精细；二是朝着综合交叉学科的方向前进，利用不同学科的知识对于同一个客观事物的运动规律给予全方位探索。在这样一种科学发展的格局中，管理科学的研究对象和方法论特性决定了管理科学是一门综合性交叉学科。它以数学、经济科学、行为科学、信息科学、系统科学等为基础，综合形成了其研究范式。例如，在管理科学基础研究中，应用经济学的基本原理说明管理中组织的基本目标，应用心理学和组织行为学的知识解释组织中个人与组织的动机和行为，应用数学建模优化工具分析管理的基本规律。除此之外，信息科学与技术的发展为组织的运作提供了必要条件和沟通手段，系统科学的原理奠定了管理的逻辑系统。总之，管理科学始终是综合交叉的。

除了以上交叉学科的定位外，管理科学的发展对其他自然科学提出了科学问题，进而促进这些学科的发展。例如，金融管理中提出的特殊期权定价问题，推动了有关数学分支研究的进展；非常规突发事件的应急管理问题，推动了关于大规模群体行为特征的研究。另外，《国家中长期科学和技术发展规划纲要（2006—2020年）》中，涉及管理科学的领域如下：科技体制管理、科学技术研究的项目管理、科技成果与知识产权管理、交通运输管理、制造生产管理、服务质量管理、各种信息系统管理（如农业信息管理、医疗诊断智能管理）与智能决策、战略能源管理、资源环境管理、国防安全等。由此可见，这些科技战略发展领域的发展，也需要管理科学的理论和方法作为支撑。

二、管理科学的发展现状与战略目标

（一）管理科学的发展现状

1. 管理科学在国际上的地位

知识产出是衡量一个国家管理科学发展水平的重要标志。经过30余年的发展，我国管理科学的国际竞争力呈现三方面特征。第一，由于参与学术研究的人数上升，产出总量得到较快发展；第二，中国内地学者在国际期刊上发表的论文与在国内期刊上发表的论文相比所占比重仍然很小，但将中国香港学者发表的论文数量计算在内后在国际上的排名则会跻身前列；第三，除2007年外，中国内地学者各年在国际期刊上发表论文数量的增长率大大超过国际平均发表论文数量增长率。中国管理科学在国际上的整体竞争力获得了较大增长且潜力巨大。

2. 管理科学的优势领域、薄弱领域和交叉领域的发展状况

"十一五"期间，利用在部分基础领域积累的相对优势及很多具有中国特色的重要管理问题这一研究机会的出现，发展出一些国际优势领域。例如，在不确定性决策理论与方法研究、交通运输管理、投入占用产出模型等基础领域取得了重要进展。另外，在一些中国特色的管理问题的推动下，国内学术界在国际合作方面开展了一系列研究课题，这些研究推动了部分领域的发展。从中国学者（不含台湾地区学者）在2004～2008年发表的国际论文（含合作）数量看，金融政策与管理领域进入前四位，科技管理与政策领域进入前七位（81种重要国际期刊）。在资源环境、医疗卫生、城镇与区域管理等领域，中国学者的研究成果已接近先进国家和地区的水平。

但是相对于其他国家的发展水平，在一些新兴领域甚至具有中国特色问题的研究领域，中国学者的研究依然落后于国际先进水平。前者如服务科学，后者如在转轨经济条件下的企业战略、公司治理等领域。

信息技术与管理是与其他学科交叉研究最多的领域。例如，在"十一五"期间，信息技术与管理同信息科学、工程与材料科学、生命科学的交叉项目是国家自然科学基金委员会管理科学部与其他学部交叉研究项目最多的领域。在国家自然科学基金委员会的支持下，"新兴电子商务重大基础问题与关键技术研究"、"非常规突发事件应急管理研究"、"网络环境下的服务运作管理"等重大项目获准立项。

资源环境与可持续发展管理正在成为一个多学科交叉的热点研究领域。伴随当前国际上对可持续发展、节能减排、新能源与环境政策等方面研究力度的不断加大，国内学术界围绕污染治理、生态管理、资源权（水权、林权）交易、城市交通、可持续发展等研究方向开展了很多探索性研究，各类创新型研究课题和

成果不断涌现。

3. 管理科学经费投入与平台建设

我国管理科学基础研究的经费主要来源于国家自然科学基金，也有少量资助来源于教育部的有关项目和少数地方政府的自然科学基金。管理科学的应用性和政策性研究经费则较多地来源于国家软科学研究计划、国务院各部委［如国家发展和改革委员会（简称国家发改委）、教育部、科学技术部（简称科技部）等］、国家社会科学基金等，地方政府的基金与专项经费、国际组织与国外科学基金也有少部分资助。

各类基金开始形成较为鲜明的资助风格。例如，国家自然科学基金主要资助基础研究，在我国管理科学基础研究资助体系中起着主渠道的作用；国家社会科学基金侧重资助我国经济社会管理领域的理论和实践问题研究；国家软科学研究计划侧重宏观与公共政策研究范畴；教育部社会科学基金主要资助社会科学研究项目；国家各部委和各级地方政府机构则主要资助政策研究；企业界的资助主要用于解决工商管理中的某个具体问题。

4. 管理科学人才队伍情况

过去20年间，我国管理科学教学与科研两支队伍都得到迅速发展。教师队伍中具有正高级职称的人数由2004年的4361人上升至2009年的8976人。基数与增幅最大的是具有中级职称的教师，由2004年的15 995人发展到2009年的34 493人，而2009年具有副高级与初级职称的教师分别为24 542人与17 989人。

科研队伍呈现整体年轻化的特点。以2004～2008年承担国家自然科学基金面上项目的研究人员为例，约40%的负责人集中在36～45岁。而在2006～2008年，国家自然科学基金委员会管理科学部资助的面上项目负责人中，年龄分布为30～39岁的占40%左右，40～49岁的占40%左右，与2000～2004年的分布有了较大变化，年轻化的趋势越来越明显。

一些优秀的学术团体开始涌现，如在交通管理、农业政策、运作管理等领域开始出现具有一定国际影响力的研究团队；以国家杰出青年科学基金获得者为学术带头人的研究群体的骨干作用逐步凸显。此外，通过各种渠道吸引和凝聚了一批海外优秀人才，为提升和发展我国管理科学起到了良好的作用。

5. 管理科学存在的主要问题与制约因素

第一，随着研究力量的逐步加强，结构性问题逐步成为制约研究产出的主要问题：一方面，高校、咨询机构与企业三种研究力量不均衡；另一方面，研究队伍中，高水平人才队伍、大师级的高端创新型人才和领军人物数量不足，不同分支学科的队伍发展水平也不平衡，某些分支学科的研究力量薄弱。第二，与中国管理实践结合不够紧密，研究成果的实践指导意义不强，在重大管理问题研究中切实结合社会与企业变革的深度还远远不够。第三，研究基础设施建设亟待加强，数据和实验条件相对落后已经成为制约我国管理科学研究水平提升的瓶颈。第四，具有方向引领作用和重要国际影响力的原创性研究成果偏少。

（二）战略目标

1. 我国未来 10 年管理科学发展的指导思想

未来 10 年，以中国管理实践的经验与数据资源为基础，推动国际管理科学领域中具有中国特色的重要管理科学问题的基础研究；与全球管理科学家共同致力于发展、传播与应用具有原创性的新一代管理科学理论。在此期间，其总体指导思想是立足中国实践、促进合作发展、关注社会责任。①立足中国实践：对中国特色管理问题的观察、总结、提炼是中国管理科学理论发展与创新的源泉，是中国学者为世界管理科学做出贡献的重要途径。②促进合作发展：研究者、教育者及实践者同是中国管理科学发展的主力军；知识与经验在三者之间的流动、融合与创新是管理科学研究持续发展的根本；促进与西方学者的合作、对话与竞争，是中国管理科学界保持竞争力与活力的重要手段；不同学科之间的合作、学科之间的交叉是知识创新的来源。③关注社会责任：将管理者与政策制定者的社会责任作为管理科学研究与教育的重要内容；管理者与决策者既是管理科学研究的对象，也是服务与教育的对象；管理科学研究与教育对于决策者社会责任的塑造与引导，具有重要作用。

2. 我国未来10年管理科学发展的战略目标

1）总体目标：推动具有中国特色的重要管理问题的研究，使其成为新一轮世界管理理论发展的动力源之一。在此过程中，中国管理学者成为具有中国特色的重要管理问题研究的主力军；管理科学提供的知识成为企业在处理管理效率、决策及社会责任问题时的主要依据与手段；同时，管理理论将极大地影响管理人员责任意识与领导风格的形成；管理知识能够在理论界、教育界及实践界相互转化与迅速扩散，建立一个开放、合作与创新的知识创造群体。

2）学术发展：促使具有中国特色的重要管理问题成为管理理论创新的推动力量之一，并形成中国管理科学研究的突出特色和优势领域；力争管理科学与工程和工商管理学科论文的国际发表数量进入第二梯队的前列；宏观管理与政策学科论文发表数量进入第二梯队；在解决重大的国家需求和企业实际管理问题中，切实发挥我国原创性管理科学知识的支撑作用。

3）人才队伍：促使中国管理科学家成为具有中国特色的重要管理科学问题基础研究的先行者，成为国际管理科学基础研究的主力军之一；在优势和特色领域中出现一批具有重要国际学术影响的领军人物，使中国管理科学家群体成为中国管理科学基础竞争力的重要知识源泉和解决中国管理实践问题的重要创造者。

4）基础设施：完成国家级的管理科学研究开放性基础数据及案例库、开放式实验及计算平台等基础设施的搭建工作，并完成资源整合的运行制度建设，使基础建设从资源条件供给到运行制度设计和实施都能达到国际先进水平。

三、管理科学的发展布局、优先发展领域与重大交叉领域

（一）发展布局

1）管理科学发展布局与优先发展领域遴选的科学依据要符合以下五点。一是符合管理科学基础研究发展的特点；二是符合整体学科战略目标；三是有利于增强我国管理科学研究能力、提升成果水平、扩大国际学术影响；四是平衡国际前沿热点与中国管理实践需求；五是强调问题导向和学科交叉。

2）优先发展领域的基本遴选原则：通过学科需求和学科基础相结合，着眼于我国已有的较好基础的研究方向和新的学科生长点，以促进学科交叉与渗透，推动部分学科领域或科学前沿取得突破性进展。具体内容如下：第一，学科发展需求（或者称知识需求），包括重大管理实践（这一点对管理科学尤为重要）和科学知识体系自身完善两方面对管理科学研究提出的迫切需求；第二，学科发展基础（或者称知识供给），即当前的学术积累，包括知识积累、人才队伍积累等；第三，符合整体学科发展的战略目标；第四，保持已有战略规划的延续性。

（二）优先发展领域

根据以上遴选的原则和方法，从研究的视角、边界及目标、研究的重要实践对象两个角度，划分出四组优先发展领域：具有行为复杂性的管理系统、全球化和信息化引发的管理科学新问题、具有中国特色的重要管理科学问题、区域的协调和可持续发展。

1. 具有行为复杂性的管理系统

领域 1：复杂管理系统的研究方法及方法论。

1）复杂管理环境中预测、运筹与管理；

2）复杂经济管理系统的行为建模和涌现；

3）基于行为与实验的管理研究方法；

4）具有中国特色的管理研究方法论。

领域2：具有行为复杂性的管理问题。

1）复杂金融系统的动力学；

2）行为运作与复杂供应链管理的基础问题；

3）交通/物流网络规划与管理；

4）复杂重大工程项目管理研究。

领域3：后金融危机时代的风险与危机管理。

1）风险识别、度量与控制的新原理和新方法；

2）金融体系中的创新及其安全管理；

3）企业风险管理中的新问题。

2. 全球化和信息化引发的管理科学新问题

领域4：新兴信息技术下的服务科学。

1）服务经济与社会发展的战略转型；

2）服务系统建模、分析与优化；

3）服务中的交互、创新与价值评估；

4）服务技术基础及其应用工具开发原理。

领域5：全球竞争中的创新与创业管理。

1）产业技术管理与创新机制研究；

2）全球化中的企业创新模式及其战略影响；

3）企业家行为、创业团队及其对创业企业的影响；

4）创业融资模式创新及其原理。

领域6：网络信息环境下的决策与知识管理。

1）面向网络/复杂数据的智能决策分析；

2）社会网络条件下的知识管理；

3）新兴网络信息技术引发的风险规律及其管理；

4）社会网络博弈、社会网络学习及其在社会管理中的应用。

领域7：新兴信息与通信技术引发的管理变革。

1）基于互联网的企业战略和运营模式变革及其影响；

2）信息技术对需求和消费行为影响；

3）开源信息社会中的电子政务及其影响。

领域8：全球化环境下的重要国家战略资源的安全管理。

1）重要国家战略资源的预测预警；

2）重要国家战略资源的安全管理；

3）国际战略资源的定价机制研究；

4）战略资源行业和企业相关管理问题研究。

3. 具有中国特色的重要管理科学问题

领域9：基于中国实践的管理理论。

1）社会经济转型中的组织管理；

2）全球化背景下的企业管理问题；

3）中国的国有企业和家族企业管理；

4）新兴资本市场中的公司金融。

领域10：中国特色的公共管理问题。

1）中国特色的政府管理基础理论与方法；

2）中国特色的公共管理组织和政策体系研究；

3）新时期公共事务管理中的基础规律。

领域11：新农村建设中的农业与农村发展政策。

1）农村和农业基础制度改革研究；

2）农村基本公共服务提供机制与政策研究；

3）农业基础（硬件）设施的建设、运营与管理规律；

4）新型农村金融体系建设管理。

4. 区域的协调和可持续发展

领域12：城镇化与区域发展管理。

1）中国区域经济发展规律研究；

2）中国城镇化进程相关研究；

3）城乡一体化与区域发展研究；

4）城乡、区域发展规划理论与政策工具研究。

领域 13：国民收入分配与城乡收入差距。

1）收入分配与经济发展；

2）国民收入分配格局调整研究；

3）城乡收入差距的差异及影响机理。

领域 14：可持续发展管理与宏观政策。

1）人口-资源-环境的政策科学研究；

2）生态文明下的生产、生活、消费模式转变；

3）低碳经济发展模式及政策研究；

4）宏观经济监测预警与宏观政策模拟研究。

（三）重大交叉领域

管理科学的重大交叉领域如下。

1）复杂金融经济系统的演化及其安全管理；

2）服务科学工程与管理；

3）新兴网络信息技术与组织管理模式创新；

4）老龄健康的复杂影响机理；

5）气候变化和低碳经济模式及其影响。

四、国际合作与交流

（一）管理科学国际合作的发展态势

日益规范的研究方法与日趋国际化的研究视野，使中国管理科学的国际合作基础进一步提升。全球性管理科学问题与具有中国特色的重要管理科学问题的出现（如在具有“全球治理”特征的能源、环境、气候变化等领域），使重要的国外基金组织大多将中国列为主要合作对象。这为中国管理科学的国际化合作提供了良好契机。

经验表明，国际合作是提高国际学术论文发表数量的有效途径，是中国学者走向世界的必由之路。中国学者发表国际论文较多的领域，一般也是国际合作比重较大的领域。例如，工商管理学科发表的国际论文中，53.26％是通过国际合作发表的。这一数字在农林经济管理领域达到86.11％，金融政策与管理领域为77.22％，公共管理与政策领域为74.07％，医疗卫生管理与政策领域为72.73％，宏观经济战略与管理领域为68.60％。

（二）我国管理科学开展国际合作与交流的基本情况

从管理科学论文发表情况来看，中国学者参与发表的国际（含地区）合作论文中，大多数是与在各领域居于国际领先地位的国家或地区学者合作完成的，其中与美国学者合作发表的论文在各个领域均居于前列。

从国家自然科学基金委员会国际合作资助情况来看，虽然总体上呈增长态势，且最近几年来中国短期访问和讲学的学者比重有所增加，但资助形式比较单一，以在中国召开国际会议和国内学者出国参加学术会议等一般性交流为主，实质性的合作研究相对较少。

我国管理科学开展国际合作与交流存在的问题主要包括以下三点：①中国学者，特别是中国内地学者合作发表的国际论文数量仍然较少；②与中国香港、中国台湾的学者相比，中国内地学者的国际合作网络范围较小、合作伙伴也比较单一；③参与国际合作的研究者群体相对集中，国际学术整体参与程度较低，国际发表集中于少数机构和学者。

（三）我国管理科学国际合作交流的战略需求与总体布局

根据学科合作需求、合作发展基础和主流与多样化结合三个维度选择优先合作领域，制定相应的国别政策，确定了五个优先合作领域，以及相应优先合作的国家和地区，具体如下：①基于行为的复杂管理系统研究，优先与美国、加拿大、英国和日本合作；②新兴技术与服务经济中的企业管理，优先与美国、日本、英国和加拿大合作；③公共政策科学，优先与英国、美国和比利时合作；④区域与农村发展，优先与美国、加拿大、英国和日本合作；⑤创新系统与科技政策，优先与英国、比利时和美国合作。

五、我国管理科学发展的保障措施和建议

根据战略指导思想与发展目标，结合目前制约管理科学发展的关键政策问题，提出的政策建议具体如下：①增加总体投入、拓宽资助渠道、优化和协调资助结构、提升基础研究比重；②转变研究资源配置中的行政导向性，充分发挥科学家群体在资源分配中的主体作用；③组织多部门联合实施大型研究计划，集中力量突破重大现实问题中的理论瓶颈，实现学科发展整体突破；④大力加强人才队伍培养与条件环境建设，如加大人才项目与数据库项目的支持力度，设立管理科学国家级奖项等；⑤转变国际合作策略，创新国际合作方式、提升国际合作地位；⑥设立创新型的国家级交叉学科研究中心和产业联盟，以国家重大管理需求为问题导向，促进具有实质意义的深度交叉学科研究，加强管理科学知识创新与中国管理实践的紧密结合。

Abstract

Features, Development and Strategic Position of Management Science

Study Features of the Management Science

Management science studies the objective laws and applications in management activities of human social organizations. It is a comprehensive and inter-disciplinary field which crosses over natural sciences, engineering sciences and social sciences. As of the properties of management science, it explores the universal objective laws of management activities. As a component of the human knowledge system, management study abstracts scientific questions from human management practices. By modeling, solving and testing solutions to these abstracted scientific questions, theories in management science are constructed.

Development of management science is driven mainly by management practice. In management practice, problems are constantly emerging that puzzle the practitioners. Scientific management questions are extracted from these new problems; while exploration of these scientific issues promotes the development of management theories. Similar to other sciences, another major driving force for management science development is the self-perfection demand from its scientific knowledge system.

Management science studies the social and economic activities initiated by humans thus inevitably has to consider the active impact of humans. Human's management behaviors are subject to some intrinsic and complex psychological factors including sense, perception and emotion, therefore result in the most basic feature of human behavior, "bounded rationality". Many studies show that there are some specific characteristics in human behaviors. Therefore, studies of management activities with human involvement must base on human behaviors.

The conclusions in management science studies usually have limited "generalizability" depending on the complex preconditions ("scenes") knotted by numerous factors. Thus, some management theories rely on specific assumptions and application conditions. Only if these pre-conditions are met, the corresponding theories are useful and can guide practitioners to solve the practical problems. When the conditions do not exist, even though the theories can not be directly used to solve practical problems, they can still provide some references or insights to improve the efficiency of management activities.

Evolution of Management Science

As a research field, currently management sciences in China can be divided into three directions: management science and engineering, business administration, and macro management and policy. Among them, the management science and engineering mainly study basic theories, methods, tools and technologies in management science. Business administration focuses on micro-level management theories, techniques and methods in business enterprises and nonprofit organizations. Macro management and policy study is a cluster of disciplines serving the government and public sectors by making macro policies and implementing integrated management practices to achieve economic, political, cultural and social development goals.

As a very practical field, the development of management science is closely related to the deepening of economic reforms and improvement of market conditions in China. Currently, social, economic, scientific and technological development in practice has strong and great demands for management science studies, management theories and methods. This social demand creates an enormous impetus to management science development and enables a rapid and even extraordinary development after China's reform and opening-up to the outside world.

Currently, the information technologies empower management researchers to organize and analyze data efficiently, to do modeling and computing accurately, and thus to analyze the complexity and uncertainty of the individual behaviors and social organization interactions at a more micro level. Meanwhile, the researchers can use experimental methods and equipments not available before to explore management rules or to form new management methods; they can apply evolution thinking and complexity theories to describe the regular patterns in individual behaviors.

From the early experimental/observational methods and empirical methods, to the recent mathematical and "computing" methods, research methods in fundamental management studies are now working for a comprehensive balancing application of mathematical, empirical, experimental and computational methods, manifesting the spiraling upward tendency of management research methodology evolutions.

Strategic Status of Management Science

Management science is classified as a comprehensive interdiscipline study mainly due to the features of its objects and methodologies. Based on mathematics, economics, behavioral science, information science and system science, there forms the management research paradigm. For example, among the basic management researches, economics verifies the operation targets of organization; psychology and organizational behavior explain the initiatives of the individual and organization behaviors; mathematics models and optimizes management options and discovers the basic rules in management activities. In addition, information science and technology provides management and operation with a necessary platform and communicating means; system science supports with the essential logic system of management. Therefore, management science is definitely an integrated inter-disciplinary study. Management science also has proposed scientific issues for other sciences and promoted their respective development.

Current Development and Strategic Objectives of Management science

Current Development of Management Science

International Position of Management Science

After more than 30 years of growth, China's management science mainly demonstrates three characteristics. First, the quantity of knowledge outputs grows rapidly as more and more people enter into academic research. Second, papers published in international journals by mainland Chinese scholars are much less than those published in domestic magazines. If Hong Kong scholars are counted in, paper publication of Chinese scholars probably could come out on top in the world. Third, papers published in international journals by mainland Chinese scholars, except for the year of 2007, has kept a higher growth rate than the international average in recently years. The international competitiveness of management science from China has been largely upgraded, and still has a great potential in future.

Development Status of Advantage Fields, Disadvantage Fields and Intersectional Fields in Management Science

During the 11th five-year plan period, with the cumulative traditional advantages in some fundamental areas and those newly-spotted issues with Chinese characteristics, China has established a number of internationally competitive research fields in management science. For example, considerable progresses have been achieved in theories and methods of decision-making with uncertainty, transportation management and input-occupancy-output modeling. Also, Chinese scientists worked together with foreign research groups on management issues of Chinese characteristics, and have made significant headways in some areas.

However, in researches of the emerging areas, even problems with Chinese characteristics, China is still left behind, such as service science, corporate strategy and governance in economic transitions.

Information technology and management is one of the most interdisciplinary fields. In the 11th five-year plan period, a large number of the projects, funded by the Department of Management Sciences in National Natural Science Foundation of China and other funding agencies, are cross-disciplinary ones between information technology and management and information science, material and engineering disciplines, or life science. Management of resources, environment and sustainable development is becoming a hot area.

Research Funding Structure of Management Science

Funds for basic research of management science in China come mainly from the National Natural Science Foundation; slightly from National Social Science Foundation, Ministry of Education and local Natural Science Foundation. Funds for research on application and policy studies are usually from the National Soft Science Research Program, the related ministries and commissions of the state (including the Development and Reform Commission, Ministry of Education, Ministry of Science and Technology, etc.), local government funds, international organizations and foreign science funding (only a small portion). Funds for management consulting are usually from industry and governmental institutions. Funds from respective resources form distinct styles.

Personnel of Management Science

Over the past three decades, management science has been a rapid growth in teaching and research personnel and Research team is getting younger. Some excellent academic institutions emerged. In the fields of traffic management, agricultural policy and operations management, there have been some internationally recognized research teams. The National Outstanding Youth began to play a prominent leading role in researches. A number of overseas talents come back and exert promoting effects in enhancing and developing China's management science.

Weakness and Constraints of Management science

First, as researching power gets improved, unbalanced structural problems become the main constraints to outputs. Second, the management science has not combined theories closely with managerial practices in China, so the research achievements could not really provide practical guidance to the practice. Linkages between researches on major management issues with the practical social and enterprises reform scenarios are far from intensive. Third, the research infrastructure construction needs urgent improvement and the relatively backward data and experiment conditions have become the main constraints to the development of management science in the country. Finally, be short of original and leading research achievements as well as internationally influential researches.

Strategic Objectives

Perspective of Management Science Development in the Next 10 Years

In the next 10 years, based on experiences and data resources of Chinese management practice, promote basic researches on management issues of Chinese characteristics in international management science field, and dedicate to developing, disseminating and applying the original and new management theories together with scientists of world. In this period, the overall principle is basing on Chinese practice, to promote cooperation and development, and to focus on social responsibility.

Strategic Objectives of Management Science Development in the Next 10 Years

The overall objective is to promote researches on issues with Chinese characteristics, and to make it one of the engines for a new round of development in world's management theories. In the process, Chinese management scholars will grow up to be the main body in studying important management issues of Chinese characteristics. Management science could provide the major knowledge and methods in managing efficiency, decision-making and social responsibility for enterprises. Meanwhile, management theories will greatly influence the formation of the sense of responsibility and leadership style. Management knowledge can transform and spread fast among theorists, educators and practitioners, making it possible to build an open and cooperative knowledge creation group.

The academic development objective is to promote the important management issues with Chinese characteristics to be one of the driving forces for management theoretical innovation. Establish the advantage and feature areas of Chinese management science. To upgrade the international publications from both management science and engineering and business management science to top the second tier. To increase the academic publications from macro management and policy filed to top the second tier as well.

The talent cultivation objective is to facilitate the scientists in China to be pioneer in basic studies on issues with Chinese characteristics and further to be the main force studying international management issues. To make Chinese management scientists the important knowledge creators with international competitiveness and original solution providers for significant management issues in China.

The infrastructure construction objective is to build a national research database and case library, an open experimental and computational platform and relevant facilities. To integrate the present resources and restructure the current operating system so as to catch up with the international level in both resource provision and policy design and execution.

Layout of Development, Priority Areas and Major Crossover Areas of Management Science

There are five points for the scientific basis in selecting and planning the priority areas. First, it must be in line with the characteristics of basic management research. Second, it should meet the overall strategic objectives of the discipline. Third, it could enhance our research capability, upgrade our research level, and expand our academic influence. Fourth, it could balance between international cutting-edge hot spots and the demand of management practices in China. Fifth, it must be a problem-oriented and inter-disciplinary field.

The principle in selecting priority areas is to combine the academic requirements and discipline foundations, to focus on the research areas with good basis and initial ideas, to promote interdiscipline infiltration, so as to expect breakthrough achievements in cutting-edge areas.

According to the selecting principles and methods mentioned above, considering the research angle, research boundary, research objective, and the practice objects of the research, we defined four groups of priority areas. They are management system of behavior complexity, new issues of management science caused by globalization and information technology, important management issues with Chinese characteristics, regional coordination and sustainable development.

Complex Adaptive Systems of Management

Field 1: Research method and methodology of complex management system

Prediction, operations and management in complex management environments.

The behavior modeling and emergence of complex economic management systems.

Behavior and experiment based research methods of management.

Management research methodology with Chinese characteristics

Field 2: Management issues involving complex behavior

Dynamics of complex financial system.

Basic issues of conduct operations and complex supply chain management.

Transportation / logistics network planning and management.

Management of major complex projects.

Field 3: The risk and crisis management in post-crisis era

The new principles and methods of risk identification, measurement and control.

Innovation in the financial system and security management.

The new issues of enterprise risk management.

Novel Management Issues Raised by Globalization and Informationization

Field 4: Service science under the emerging information technology

The strategic transformation of service economics and social development.

Modeling, analysis and optimization of service system.

Interaction, innovation and value assessment in service.

Service technology basis and development principles of its application tools.

Field 5: Innovation and entrepreneurial management under global competition

Study on industrial technology management and innovation

mechanism.

Enterprise innovation model and its strategic impact under globalization.

Entrepreneur behavior, entrepreneurial team and impact on start-ups.

Model innovation and its principle of venture capital financing.

Field 6: Decision-making and knowledge management in network environment

Intelligent decision analysis for complex data and network.

Knowledge management under social network.

Rules and management of risk caused by emerging network information technology.

Social network game, social network learning and the applications in social management.

Field 7: Management transformation triggered by emerging information and communications technology

Internet-based corporate strategy and business model reform and its impact.

Impact of information technology on the demand and consumer behavior.

E-government in open-source information society and its influence.

Field 8: Security management of national important strategic resources under globalization

Predictive alarming of national important strategic resources.

Security management of national important strategic resources.

Study on pricing mechanism of international strategic resources.

Study on issues rising from strategic resources industry and its management.

Important Management Issues with Chinese Characteristics

Field 9: Theories of management based on management practice in China

Organizational management in socio-economic transformation.

Enterprise Management in globalization.

Chinese state-owned enterprises and family business management.

Corporate finance in emerging capital markets.

Field 10: Special public management issues with Chinese characteristics

The basic theory and methods of government administration with Chinese characteristics.

Research on public management organizations and policy system with Chinese characteristics.

Basic rules for public affairs management in the new era.

Field 11: Policy for agriculture and rural development in new era

Study on reform of rural and agricultural institutional infrastructure.

Study on basic public service delivery mechanisms and policy in rural area.

Law of construction, operation and management of agricultural infrastructure (hardware) facility.

Construction and management of new rural financial system.

Regional Coordination and Sustainable Development

Field 12: Urbanization and regional development management

Law of Chinese regional economic development.

Study on urbanization in China.

Study on integration of rural and urban areas and regional development.

Study on planning of urban, rural, and regional development and policy tools.

Field 13: National income allocation and rural urban income gap

Income allocation and economic development.

Study on adjustment of national income allocation.

Influencing mechanism of rural urban gap.

Field 14: Management of sustainable development and macroeconomic policy on population-resource-environment systems

Change in production, living and consumption patterns under ecological civilization.

Study on low carbon economy development and policy.

Study on macro-economy monitoring and predicting and macroeconomic policy simulation.

Major Crossover Areas

The evolution of complex financial and economic system and its security management.

Service science, management and engineering.

Emerging network information technology and organizational management innovation.

The complex mechanisms of effects on aging health.

Climate change and low carbon economy and its effect.

International Cooperation and Exchange

Development Trend of International Cooperation in Management Science

Increasingly standardized research methods and global perspectives have laid solid foundation for the international cooperation of Chinese management scientists. With the emergence of more and more global scientific management issues and issues with Chinese characteristics, almost all of the foreign funds list China as a major partner. This provides a good opportunity for Chinese management science to develop international cooperation. Experience shows that international cooperation is not only an efficient way to increase international academic publications, but also the only way leading Chinese scholars to the world.

International Cooperation and Exchange

In respect of papers published, most of the international (or regional) papers published by Chinese scholars are backed by collaboration with scholars from countries with world-leading position in that field. And the number of papers with American co-authors tops in all research fields.

For the international cooperation funded by National Natural Science Foundation, international paper publications have increased obviously and more scholars get the opportunities of short-term visits or overseas lecturing. However, the funding still principally limits to holding international conferences in China, sending domestic scholars to academic conferences abroad, and could hardly push forward any substantial collaborative researches.

The Overall Layout of the Strategic Needs of International Cooperation and Exchange in Management Science

According to the three-dimension demand for the interdisciplinary collaboration, cooperation development, and integration of the mainstream and diversity, we select the priority fields of cooperation and develop the appropriate national policies. We identified five priority fields, and the corresponding cooperating countries and regions. a. We choose the United States, Canada, the United Kingdom and Japan to co-study on the behavior-based complex management system. b. We cooperate with the United States, Japan, the United Kingdom and Canada to research on business management of emerging technology and service economy. c. We choose the United Kingdom, the United States and Belgium for cooperation in public policy science. d. We prefer to work with United States, Canada, the United Kingdom and Japan in regional and rural development. e. We choose the United Kingdom, Belgium and the United States in innovation system and technology policy.

Resource needed and Policy Recommendations for the Development of Management Science in China

According to the strategic guidelines and development objectives, we propose the following policy recommendations concerning the key policy issues as main constraints to management science development. a. To increase overall investment, broaden the financing channels, optimize the financing structure, and improve the ratio of basic research. b. To transform the orientation of resources allocation, and make scientists the main body of project assessment. c. To organize various departments participating in the large-scale joint researches, and to break the theoretical bottleneck in some significant management issues, so as to expect an overall breakthrough of the discipline. d. To vigorously cultivate talents and greatly improve working environment by supporting more human resources projects and database projects, and to establish national awards in management science fields. e. To change the international cooperation strategy, to innovate international cooperation methods, in order to promote our status in the international cooperation. f. To establish national inter-disciplinary innovative research centers and industry alliances, to support substantial interdisciplinary researches targeting the needs of major national issues, and to strengthen the connection between scientific knowledge innovation and management practice reform in China.

目录

第一章

管理科学的战略地位

第一节 管理科学领域现阶段发展的总体态势及在国际竞争中的地位

一、管理科学领域现阶段发展的总体态势

管理科学是一门以人类社会组织管理活动客观规律及其应用为研究对象，跨自然科学、工程科学和社会科学的综合性交叉学科。伴随着经济全球化和信息化带来的企业经营环境的变化，以及新一代信息技术给管理带来的一系列变革性的影响，管理在人类的经济和社会活动中起着越来越重要的作用，人类管理活动本身呈现出一些新的复杂性特征。在此背景下，管理科学研究不仅受到这些管理活动（即管理科学的研究对象）变化的直接影响，而且要满足这些变化对学科产生的需求。这些变化对管理科学的研究提出了新的问题，也指出了新的方向。

经济全球化导致全球范围内的资源优化配置、全球化的经营管理；经济全球化还导致世界经济发展的多元化，使资源的使用由集中向分散发展，从而出现了经济多极化。信息化则导致传统信息传播方式产生重大变化，随着 Web 2.0 技术的不断发展，信息传播方式在时间、空间、传播效率上已经产生了惊人的变化。同时基于

网络的媒体正在逐步挑战和改变传统信息传播途径，其中以3G（第三代移动通信技术）为代表的信息传播方式正以惊人的速度渗透到社会的各个方面，不仅改变着人类信息传播的模式，而且改变着人类的生活方式。信息传播方式的改变，使得管理环境复杂多变，甚至处于临界状态，管理边界难以被准确描述和精确估计，从而给管理和决策带来很大的挑战。

同时，国际社会对资源环境、社会平等、公共安全等观念的持续关注，使得人类对经济发展方式、生态文明重新进行思考。生态文明指在人类历史发展过程中形成的人与自然、人与社会环境和谐统一、可持续发展的文化成果的总和，是人与自然交流融通的状态。它不仅说明人类应该用更为文明而非野蛮的方式来对待大自然，而且在文化价值观、生产方式、生活方式、社会结构上都体现出一种人与自然关系的崭新视角。生态文明的崛起，要求必须从粗放型的以过度消耗资源、破坏环境为代价的增长模式，向增强可持续发展能力、实现经济社会又好又快发展的模式转变。在这一转变过程中，企业的增长方式、消费模式、循环经济、可再生能源发展等管理活动都将面临新的挑战。同时，大规模突发事件频繁发生、人口老龄化严重、技术创新压力沉重、全球变暖日益严重，都迫切需要管理科学的研究内容与之对应。

另外，除上述人类社会组织的管理活动发生的深刻变化，管理科学本身在过去30多年中也发生了重大变革，主要体现出以下六个方面的特征和变化趋势。

（一）研究假设和对象发生了深刻变化

随着组织乃至个人所处的社会经济环境的巨大改变，人类行为因素在复杂管理环境中的影响日益显著，给组织管理模式带来变革性影响。2008年的美国次贷危机及其引发的全球性金融危机促使人们对许多原有管理理论进行深刻反思和重构，同时也产生了后金融危机时代亟待探索的新的管理问题。这些变革使得管理科学研究的一些基本假设和关注的许多内容发生着深刻的变化。

信息技术为不同层次社会组织的管理活动提供了全新的视野、全新的工具和更加广泛的管理空间，进而为管理科学提供了全新的科学研究内容（诸如基于行为的信息系统研究、随机网络与决策模型、虚拟企业的网络治理、基于信息技术的企业创新机制设计等）。这次波及全球的金融危机及其后果，促使学界将更多的关注投向复杂衍生产品风险管理的基础问题、金融体系的风险治理、金融复杂性和脆弱性等方面。

在微观管理领域，经济活动的全球化使企业能够在更为广泛的范围内配置资源；后金融危机时代经济脆弱性凸显，企业经营管理活动的风险加剧；市场竞争日趋激烈，需求偏好日益多样，企业/组织竞争的焦点也逐渐由产品、技术等硬件转移到战略、知识、信息和服务等软因素上。因此，企业管理理论正在发生深刻的变化。例如，企业重组过程中出现精细生产、敏捷制造、并行工程及其管理思维，运作和战略管理向柔性发展的趋势，虚拟企业和虚拟组织的不断涌现，合作竞争日益被企业接受，服务管理日趋重要等。

在宏观管理领域，社会关注与研究的重点从经济管理转向公共管理，人们更多地关注转型期中国社会协调发展和可持续发展所面临的种种挑战；研究政府与其他公共管理部门在制定公共政策、提供公共服务、实施社会管理、构建和谐社会中急需解决的理论与实践问题；人口、资源和环境协调发展与管理的研究也朝更深、更广的方向展开。

（二）新的研究对象和内容不断出现，研究广度和深度不断增加

经济全球化、信息化、知识化的发展趋势及多元文化的深刻影响，使人类管理活动本身在21世纪初呈现出新的特征：管理的基本观念不断创新，人类管理活动的空间进一步扩大，管理活动涉及的因素数量快速增加，实施组织管理活动的手段发生了新的变化（陈晓田，2009）。

这些新的时代特征，催生了新研究领域的出现。例如，伴随信息技术的发展和对客户个性化需求重视度的日益提升，服务科学成为管理科学中的一个全新研究领域，并日益成为国际学者关注的重要领域。这些新的时代特征，也使管理科学研究的广度和深度不断增加。例如，从总量上来看，无论是国际还是国内，2004～2008年，管理科学学术论文发表数量均保持年均10%左右的增长速度。作为研究深度的一个指标，管理科学重要学术期刊的影响因子也有较大幅度提高。

（三）研究视角和研究手段出现了新的变化

信息技术、心理学、神经科学等学科的发展为管理科学家们提供了能够以更加精细的眼光来观察社会组织复杂管理行为的工具，使他们能够通过过去无法实施的实验手段（如 human-subject 的实验、计算实验、脑神经科学的实验等）来探索管理理论。例如，神经管理研究为研究者提供了较行为层次更为“微观”的神经层次的研究基础；复杂网络的计算模拟则为研究者认识其规律提供了更为丰富的手段。

与此同时，“行为”成为2004～2008年管理科学研究的重要视角与方法上的特征标志。行为视角的研究提出人类决策具有“有限理性”的特征，而不是传统效用和决策理论所认为的“完全理性”。在管理科学的若干领域中，行为研究促进了重要新兴前沿理论产生。行为金融、行为决策、行为运作等研究对传统的理论提出了重大挑战；基于行为的供应链管理、社会经济转型中的组织变革与发展等领域也逐渐显现出研究的热度。

另外，在运用复杂性科学方法解决管理问题方面，新的进展不断产生，这为管理科学的研究提供了新的视角和工具。20世纪80年代兴起的复杂性科学理论为管理科学的研究开辟了新的领域，即运用复杂性科学的原理与方法从组织内部各组元的相互作用及组织与环境的相互作用中寻找组织发展进化的动因及规律，以使组织能适应社会、经济及科技的迅速发展而取得良好的绩效。近几年来，国内外已在经济复杂系统、灾害管理复杂系统等领域的研究中取得了重大进展。

（四）学科交叉特征进一步凸显

管理科学在继续保持学科越分越细、新的分支学科和领域不断产生的发展趋势的同时，各学科领域相互渗透、交叉与融合以至产生新学科的发展趋势更加明显，呈现出既高度分化又高度综合的现代科学技术发展的新趋势。另外，随着人类组织的复杂程度的提高（如经济全球化和文化多元化的趋势不断加强），管理活动中所涉及的因素及其类型也越来越复杂，这就需要管理科学家将研究的视野放大到更多更广的学科领域，进而使自然科学、工程技术科学、人文社会科学间的相互渗透、交叉与融合不断加强。与此同时，作为一门自然科学、工程科学和社会科学互相渗透、互相交叉的综合性交叉科学，管理科学从其他各个科学领域不断细化的理论成果中汲取丰富营养，将那些科学领域对事物客观规律的深刻认识与研究方法作为探索管理活动规律的重要基础，进而推动管理科学自身的发展。

（五）具有中国特色的重要管理科学问题日益受到关注

中国的历史文化积淀、经济的转轨和社会变革，使得中国管理实践活动在符合前述的全球性特征之外又独具特点：以市场经济作为基本的经济改革目标，这种经济转轨使整个社会资源配置的决策模式、社会治理结构乃至整个社会文化都发生了重要变化。与经济高速增长相应的人口、能源、环境之间的矛盾日益凸显，迫使我国的经济结构和增长方式转变。这些变化使得 21 世纪人类组织的管理活动变得更加复杂化，进而对管理科学产生直接影响。与此同时，由源自中国实践的管理问题［我国的很多企业和宏观管理中出现的重要问题（如食品安全、国有企业治理、海外并购等）、企业的发展规律问题］凝练成的科学问题正在引起管理科学界的重视。随着中国国际地位和国际事务参与度的提高，以中国管理实践为背景和对象开展的管理科学研究逐渐被国际学术界关注。

（六）国际合作研究越来越紧密

科学研究的国际化是当代基础研究的鲜明时代特征之一，我国管理科学领域研究的国际合作与交流呈现出持续、实效和多样性的发展态势。随着我国国际地位和影响力的迅速提升，关注具有中国特色的重要管理问题的国际学者也越来越多，我国应在此基础上进一步拓宽和发展与学术性国际组织之间的合作渠道。在管理科学与工程领域，2000 年以来，国家自然科学基金委员会管理科学部以合作研究、出国参加学术会议、在中国召开国际学术会议、鼓励留学人员短期回国讲学等各种国际合作与交流项目类型为依托，累计支持了 100 余项国际合作与交流活动，支持了若干项重大实质性国际合作研究项目和若干双边协议合作研究项目，试点支持了若干名国外优秀科学家来中国开展长期合作研究工作。良好的国际合作环境促进了我国管理科学与工程学科研究国际地位的迅速提升。

随着中国的不断强大、在国际上影响力的提高与话语权的加强，很多国外学者、政要和国际组织的人员都对具有中国特色的问题非常感兴趣，他们也迫切希望了解中国成功发展的路径和模式。因此，国内学术界在国际合作方面开展了一系列研究课题，并在若干领域（如资源环境政策与管理领域、投入产出研究领域、国民经济核算领域、开放式创新领域等）合作发表了一系列高水平文章。

二、国际竞争地位分析

中国实行改革开放、建设社会主义市场经济，给管理科学的发展带来了巨大的推动力，管理科学作为一门以社会实践需求为主要发展动力的学科，获得了超常发展。管理科学30多年来的发展是管理学术界、管理教育界、企业界、管理咨询与管理实务领域等方方面面相互促进、相互支持、共同努力的结果。我国管理科学在知识积累、研究人员和研究机构的素质和数量、人才培养和评价体系、研究成果等方面都取得了很大成就：学科建设从单一学科发展到门类齐全，学术地位从“零”发展到在国际学术界占有一席之地，学科在高等教育中从一个小学科变成全国最大的学科之一。有些领域开始跻身于国际学术前沿，如粮食与农业科技政策研究、交通管理研究、人口预测控制与管理等领域，已经引起国际学术界的关注，但从总体上讲，我国管理科学研究与国际水平有较大差距（陈晓田，2001）。

为了认识我国管理科学在国际竞争中的地位，采用文献计量方法，更为直观地显示世界各国和地区在各研究领域所具有的相对优势。为此，首先通过SCIE（科学引文索引扩展版）、SSCI（社会科学引文索引）检索库，按照不同领域、不同国家和地区进行了论文数量的检索。检索结果表明，以数量来看，我国内地在管理科学某些领域已经获得一定的优势，但与占绝对领先地位的美国相比，仍有很大差距。在管理科学与工程学科中，大部分研究领域的论文发表数量均进入世界前十位，其中供应链管理、交通运输管理理论、管理系统工程理论与方法等还进入了前两位。但更进一步分析发现，我国内地在这些领域与美国相比还存在相当的差距，在国际顶级期刊上发表论文的数量还相对较少。由此表明，在管理科学与工程学科，我们具有一定的国际竞争力，但距离创新发展大国还有一定距离。在工商管理和宏观管理与政策学科中，绝大多数研究领域的论文发表数量还没有进入世界前十名，这表明我国管理科学在工商管理和宏观管理与政策学科的研究水平与实践需求与处于领先地位的国家相比仍有很大的距离，还需要大力扶持、加强发展。下面将对管理科学的三个子学科的情况分别进行阐述。

表1-1说明了管理科学与工程各领域论文发表数量前十名的国家（或地区）在某领域发表论文总数的情况。从发表论文数量情况

表 1-1　管理科学与工程学科国际学术期刊论文发表及中国内地学者发表情况

研究领域	第一名	第二名	第三名	第四名	第五名	第六名	第七名	第八名	第九名	第十名
管理中的运筹与优化方法	美国(2415)	**中国内地(666)**	加拿大(577)	英国(432)	德国(408)	中国台湾(350)	法国(319)	韩国(278)	意大利(268)	西班牙(260)
信息技术与管理	美国(5681)	**中国内地(1625)**	德国(1560)	英国(1524)	加拿大(1065)	中国台湾(905)	日本(822)	法国(787)	澳大利亚(764)	西班牙(702)
对策理论与应用	美国(1656)	**中国内地(323)**	英国(290)	加拿大(286)	德国(254)	日本(207)	西班牙(203)	法国(188)	意大利(188)	荷兰(185)
知识管理	美国(596)	英国(264)	中国台湾(216)	德国(168)	**中国内地(159)**	加拿大(118)	西班牙(109)	意大利(78)	澳大利亚(76)	法国(69)
供应链管理	美国(2176)	**中国内地(610)**	英国(545)	中国台湾(337)	德国(330)	加拿大(329)	荷兰(227)	法国(206)	韩国(196)	意大利(182)
决策理论与技术	美国(3836)	英国(919)	加拿大(802)	**中国内地(629)**	德国(538)	澳大利亚(465)	荷兰(447)	法国(392)	西班牙(374)	中国台湾(370)
金融工程	美国(836)	英国(260)	**中国内地(143)**	德国(134)	意大利(124)	加拿大(123)	法国(110)	澳大利亚(99)	荷兰(85)	西班牙(64)
工业工程	美国(2404)	英国(728)	德国(571)	加拿大(412)	荷兰(332)	**中国内地(327)**	日本(312)	法国(275)	意大利(252)	西班牙(239)
管理系统工程理论与方法	美国(854)	**中国内地(262)**	英国(203)	德国(192)	加拿大(162)	意大利(132)	中国台湾(118)	西班牙(104)	法国(95)	荷兰(91)
预测理论与技术	美国(1168)	英国(293)	加拿大(212)	澳大利亚(181)	**中国内地(170)**	德国(141)	意大利(140)	法国(131)	西班牙(111)	中国台湾(97)
风险管理	美国(2581)	英国(928)	德国(602)	加拿大(570)	意大利(421)	澳大利亚(420)	法国(398)	**中国内地(369)**	荷兰(345)	瑞士(233)
评估理论与方法	美国(761)	英国(223)	加拿大(161)	**中国内地(156)**	澳大利亚(133)	中国台湾(113)	德国(112)	法国(96)	西班牙(95)	意大利(92)
基于行为的管理理论	美国(2406)	英国(814)	澳大利亚(392)	加拿大(368)	德国(338)	荷兰(252)	法国(236)	意大利(161)	**中国内地(148)**	瑞典(105)
服务管理	美国(616)	英国(153)	**中国内地(88)**	加拿大(84)	德国(84)	韩国(71)	澳大利亚(63)	中国台湾(62)	日本(47)	法国(43)
交通运输管理理论	美国(506)	**中国内地(227)**	英国(180)	德国(118)	意大利(110)	加拿大(96)	荷兰(91)	法国(90)	澳大利亚(81)	西班牙(59)
电子商务	美国(1339)	**中国内地(375)**	中国台湾(295)	英国(277)	韩国(234)	加拿大(227)	西班牙(194)	澳大利亚(169)	德国(163)	意大利(131)

注：括号内数字表示论文发表数量；期刊统计参照管理科学与工程学科基金资助代码分类。

看，美国在各个领域的指标都遥遥领先，与其世界第一经济、军事大国的地位相称。然而，中国在管理科学方面经过 30 多年的发展，若以论文发表数量计算，已经在某些研究领域成为世界第二重要的力量，如在管理中的运筹与优化方法、信息技术与管理、对策理论与应用、供应链管理、管理系统工程理论与方法、交通运输管理理论、电子商务等领域，都仅次于美国，排名第二。

这些领域发展的深层次原因是中国内地学者多数具有深厚的工程及数学背景，秉持了运筹与优化、对策理论及系统工程理论的定量分析传统。近 30 年尤其是近 10 年来，有一批学者在交通领域的研究取得了被世界承认的成果，奠定了中国交通科学的国际地位。此外，由于中国紧跟世界潮流，不断加强信息化建设，所以我国的信息技术与管理研究也在国际上取得了一席之地。中国的供应链管理研究在 2000 年前后进入一个高潮时期，大量学者跟进此领域，因此供应链管理研究在国际上成果颇丰。

工商管理学科的国际竞争情况表现出一些与管理科学与工程学科大不相同的特点。表 1-2 是工商管理学科各领域发表论文领先国家或地区情况的对比。该表是对 SCI（科学引文索引）和 SSCI 影响因子在 1.0 以上的学术期刊检索后统计出来的。

表 1-2　工商管理学科各领域发表论文领先国家（或地区）

研究领域	领先国家或地区分析									中国内地		
	第一名			第二名			第三名					
	国家	篇数	比重/%	国家(或地区)	篇数	比重/%	国家(或地区)	篇数	比重/%	排名	篇数	比重/%
战略管理	美国	616	40.3	英国	252	16.5	加拿大	90	5.8	8	63	4.1
企业管理理论	美国	79	71.8	英国	7	6.3	中国台湾	7	6.3	12	2	1.8
人力资源管理	美国	36	26.0	西班牙	18	13.0	中国台湾	18	13.0	7	7	5.0
组织行为与组织文化	美国	32	58.1	加拿大	6	10.9	英国	5	9.0	—	0	0.0
市场营销	美国	124	49.2	中国台湾	34	13	中国内地	3	7.5	3	3	7.5
会计与审计	美国	86	49.1	加拿大	14	8.0	英国	10	5.7	4	9	5.1

续表

研究领域	领先国家或地区分析									中国内地		
	第一名			第二名			第三名					
	国家	篇数	比重/%	国家(或地区)	篇数	比重/%	国家(或地区)	篇数	比重/%	排名	篇数	比重/%
公司理财与财务管理	美国	48	48.0	英国	12	12.0	中国台湾	7	7.0	6	6	6.0
运作管理	美国	351	61.1	加拿大	49	8.5	英国	37	6.4	3	37	6.4
物流和供应链管理	美国	596	53.2	中国内地	143	12.7	加拿大	76	6.7	2	143	12.7
企业信息管理	美国	283	46.0	中国台湾	108	17.5	中国内地	56	9.1	3	56	9.1
创新管理	美国	163	40.4	英国	38	9.4	中国台湾	30	7.4	9	15	3.7
创业与中小企业管理	美国	75	28.6	英国	33	12.6	中国台湾	24	9.1	7	11	4.2
项目管理	美国	208	49.0	英国	43	10.1	中国台湾	37	8.7	4	29	6.8
服务管理	美国	115	53.4	中国台湾	22	10.2	加拿大	20	9.3	4	17	7.9
非营利组织管理	英国	22	38.6	美国	16	28.0	孟加拉国	11	19.3	—	0	0.0

注：期刊统计参照工商管理学科基金资助代码分类。

根据表1-2中数据我们可以发现，在工商管理学科15个领域的论文发表数量排名中，美国大都独占鳌头，稳居第一（虽然在非营利性组织领域排名第二，但其论文发表数量与所占比重与第一名并无实质差距）。除了美国具有霸主地位以外，还有几个国家或地区的地位也是十分重要的，它们是英国、加拿大和中国台湾。对于英国来说，比较有实力的领域有战略管理、企业管理理论、公司理财与财务管理、创新管理、创业与中小企业管理、项目管理和非营利性组织管理，特别是在非营利性组织管理领域，其研究实力在全球排名第一。对于加拿大来说，比较有实力的领域有组织行为与组织文化、会计与审计、运作管理和服务管理。对于中国台湾来说，比较有实力的领域有市场营销、企业信息管理和服务管理。

对于我国内地的研究实力，我们可以看到，在物流和供应链管理领域，论文发表数量排到了全球第二位。经分析后发现该领域的独立发表比仅为 18.6％（该领域主要是依靠国际间合作实现的，主要合作对象是中国香港），独立研究能力还有待提高。除此之外，我国内地在全球论文发表数量较靠前的领域还有市场营销、运作管理、企业信息管理、项目管理和服务管理。而比较薄弱的领域有企业管理理论、组织行为与组织文化和非营利性组织管理。

通过对宏观管理与政策学科 81 种国际学术期刊 2004～2009 年发表论文的检索，各领域发表论文的国家或地区排名如表 1-3 所示。由表可以得出以下结论。首先，在宏观管理与政策学科各主要领域，绝大多数国际论文都是由美国、英国、加拿大、德国、澳大利亚等少数几个发达国家学者发表的，其中美国更是在各个领域均遥遥领先，这表明该学科的学术话语权仍牢牢掌握在以美国、英国为首的国家手中。其次，中国（含中国香港、中国澳门）学者发表或参与发表的论文，主要集中在资源环境政策与管理、科技管理与科技政策、医疗卫生管理与政策、金融政策与管理、宏观经济政策与管理、图书情报档案管理、城镇与区域发展管理、农林经济管理这样几个领域，在这些领域，中国学者的研究成果已接近先进国家和地区。通过对发表机构来源的进一步分析可以看出，中国内地学者在资源环境、农林经济、图书情报、城镇与区域四个领域的论文发表占优势，而中国香港学者在金融、宏观经济、科技、医疗卫生四个领域论文发表领先，其中在科技、医疗卫生两个领域，中国内地与中国香港的研究者实力接近。值得注意的是，在公共管理与公共政策领域的国际论文发表中，领先发表机构全部来自中国香港。这表明在宏观管理与政策领域，中国香港的研究者具有很强的实力，并且更加贴近国际学术主流与前沿。最后，在中国内地学者发表的国际学术论文中，除少数机构和学者比较突出外，绝大多数发表数量均为一两篇，这表明我国内地宏观管理与政策研究的国际学术竞争力较弱，国际学术共同体参与度较低，领先队伍和优势机构较少。中国内地的论文发表者，主要来自中国科学院、中国科技信息研究所、中国社会科学院、中国农业科学院等研究机构，以及北京大学、清华大学、复旦大学等高等学校。

表 1-3 宏观管理与政策学科国际学术期刊论文发表及中国(含中国香港、中国澳门)学者发表情况

研究领域	第一名	第二名	第三名	第四名	第五名	第六名	第七名	第八名	第九名	第十名	中国内地排名及篇数
宏观经济政策与管理	美国(3298)	英国(512)	德国(301)	加拿大(274)	法国(254)	西班牙(188)	意大利(182)	荷兰(143)	日本(106)	瑞士(103)	**中国(11)(99)**
金融政策与管理	美国(1353)	英国(142)	加拿大(121)	**中国(79)**	荷兰(50)	法国(44)	新加坡(36)	瑞士(27)	韩国(26)	澳大利亚(20)	
农林经济管理	美国(1379)	英国(214)	澳大利亚(201)	德国(108)	加拿大(103)	荷兰(93)	法国(78)	意大利(65)	西班牙(60)	瑞典(43)	**中国(13)(36)**
公共管理与公共政策	美国(1364)	英国(569)	德国(159)	荷兰(142)	丹麦(81)	加拿大(77)	澳大利亚(66)	比利时(62)	瑞典(60)	瑞士(43)	**中国(15)(27)**
科技管理与科技政策	美国(1192)	英国(535)	西班牙(276)	荷兰(255)	中国台湾(246)	德国(207)	**中国(206)**	加拿大(195)	比利时(162)	意大利(154)	
医疗卫生管理与政策	美国(3152)	英国(1134)	加拿大(595)	澳大利亚(320)	荷兰(308)	瑞典(194)	德国(143)	瑞士(137)	法国(114)	挪威(110)	**中国(11)(110)**
教育管理与政策	美国(702)	英国(195)	荷兰(101)	德国(86)	意大利(63)	加拿大(55)	法国(52)	西班牙(51)	澳大利亚(33)	日本(28)	**中国(11)(25)**
劳动就业与社会保障	美国(482)	英国(202)	加拿大(68)	德国(35)	澳大利亚(25)	荷兰(19)	瑞典(19)	法国(16)	丹麦(15)	西班牙(14)	**中国(12)(12)**
资源环境政策与管理	美国(2758)	英国(670)	德国(480)	澳大利亚(470)	荷兰(450)	加拿大(408)	意大利(371)	法国(320)	西班牙(291)	**中国(235)**	
图书情报档案管理	美国(935)	英国(397)	**中国(175)**	西班牙(171)	比利时(157)	荷兰(131)	加拿大(128)	中国台湾(116)	韩国(89)	澳大利亚(73)	
其他宏观管理与政策	美国(1918)	英国(259)	德国(120)	加拿大(104)	荷兰(95)	西班牙(93)	法国(91)	意大利(86)	以色列(56)	韩国(56)	**中国(15)(37)**

注:括号内数字表示论文发表数量,其中,最后一栏第一个括号内数字为中国排名,第二个括号内数字为篇数;期刊统计参照宏观管理与政策学科基金资助代码分类。

第二节　管理科学推动其他学科和相关技术发展的情况

欧洲中世纪之后，经过现代科学家的不懈努力，现代科学体系继承古希腊的学科分支不断完善并产生新的学科。这一方面造成学科门类越来越多，越来越专；另一方面也使得科学研究需要多学科的交叉融合。科学发展史表明，科学上的重大突破、新的生长点乃至新学科，常常在不同的学科彼此交叉和相互渗透的过程中出现。学科交叉研究的发展在整个科学发展中具有举足轻重的作用（朱桂龙，1997）。20 世纪下半叶以后，科学技术发展中各学科领域、各技术领域相互渗透、交叉与融合的趋势更加明显，跨学科研究已经渐渐成为科研体系面临的重要问题。在自然科学、工程科学和社会科学等学科的互相渗透、互相交叉基础上发展起来的管理科学，自诞生之日起就呈现出学科交叉与知识融合的特征（汪应洛，2005）。自然科学、工程科学、行为科学及社会科学领域的理论与方法的发展为管理科学学科的建立、发展与完善提供了可资借鉴的理论、方法与技术。例如，统计物理理论、生物觅食机制等，已经被成功应用在交通管理、管理系统优化之中；现代数学的发展为研究复杂系统的管理问题提供了理论与方法基础；现代信息科学的发展及其技术的广泛应用拓展了管理科学的研究领域；现代心理学的发展为人因工程、基于行为的管理理论的研究提供了技术手段；新的数学分析工具与优化技术、新的信息处理手段与技术、经济学和行为科学等理论与方法均为管理科学的研究提供了重要的知识来源和工具。管理科学在发展过程中体现出其很强的知识包容性与拓展性，从这个意义上讲，其与自然科学、工程科学、信息科学、人文社会科学的相关知识和理论必将进一步交叉融合。

管理科学的发展提高了其他学科研究工作的效率。随着人类知识体系的丰富和深入，现代科学研究活动面对的问题越来越复杂，需要多学科、多层级研究力量的共同投入，才能完成。这些复杂的大科学研究活动本身也需要有效的管理才能够完成（汪应洛，2005）。大科学研究与传统的研究相比，其特点主要表现在投资强度大、多学科交叉、需要昂贵而复杂的实验设备、研究目标宏大等。有学者根据大型装置和项目目标将大科学研究分为两类。一类是需要巨额投资建造、运行和维护大型研究设施的具有工程特点的大科学研究，可以称为大科学工程，包括预研、设计、建设、运行、维护等一系列研究开发活动。这类大科学项目有国际空间站计划、欧洲核子研究中心的大型强子对撞机计划、Cassini 卫星探测计划、Gemini 望远镜计划等。大科学工程是科学技术高度发展的综合体现，是各国科技实力的重要标志。另一类是需要跨学科合作的大规模、大尺度的前沿性科学研究项目，通常是围绕一个总体研究目标，由众多科学家有组织、有分工、有协作、相对分散地开展研究。这类的大科学项目主要有人类基因图谱研究、全球气候变化研究等（刘云，2003）。管理科学在技术管理、组织理论等多个子学科方面的基础研究，将有助于提高这些科学研究的活动效率。在美国的“曼哈顿计划”、中国的“两弹一星”计划等计划中运用系统工程实施科学管理，都体现出了管理科学的这种推动作用。

管理科学发展为其他自然科学提出了科学的问题，进而推动了其他学科和相关技术的发展。21 世纪以来，人类社会面临新的挑战：一方面是人类自身破坏自然导致自然对人类的惩罚，如全球变暖、能源危机、流行性病毒等；另一方面是大规模自然灾害频繁发生，如海啸、地震、台风、暴风雪等，研究应对这些问题的科学决策和有效机制需要管理科学来提供理论、方法和技术等多方面的支撑，但仅仅靠管理科学难以解决这些人类共同面临的问题。因此，管理科学需要其他学科的理论与方法支撑，而这种需求必然会对其他学科的发展提出新的问题，进而促进这些学科的发展。例如，企业管理中的大系统优化问题、超大规模优化问题、非凸函数优化问题，促进了全局优化技术、大系统分解、元启发式方法等数学技术的发展。近年来迅速发展的金融管理研究促进了应用数学新的分支学科——金融数学的产生与发展；反过来，金融数学的学科发展又丰富了金融管理的理论与实践。金融工程的定价中大量涉及倒向的随机问题，基于根据将来的可能状态倒向现在的金融衍生品定价需求，彭实戈院士 1997 年提出了 g-期望及条件 g-期望的概念，从而建立了动态非线性数学期望理论基础。电子商务的发展推动了信息学科在信息技术应用领域的新发展，金融工程的发展推动了金融数学的发展等都是管理科学与其他学科相互促进、交叉发展的结果。可见不同学科之间的相互促进，不仅推动了各自学科的发展，也对其他学科的发展提出了新的要求。

管理科学的发展为其他学科的发展提供了参考研究方法。管理科学积累了大量有关组织中人的行为与组织的整体性质之间的关系等方面的知识，这些知识为非管理学科在进行与人类互动有关的研究时提供了帮助。环境科学、工程科学、经济学、心理学、信息科学与技术、系统科学、社会学、法学、政治科学等学科的研究都一定程度上涉及企业与人的行为领域，这些非管理学科开始频繁地引用管理科学领域的研究成果，利用管理科学的知识解决自身学科遇到的问题，并且与管理科学在很多领域进行交叉研究。在一些自然科学中，其研究对象受到人类活动的影响越来越大，一些科学问题的研究要考虑到人的因素，需要借助管理科学研究的方法、结论、经验。例如，生物学的分支之一——系统生物学，开创于贝塔朗菲的一般系统理论与理论生物学；艾根的超循环理论发展出了细胞、生物化学与分子层次的系统论。生态学家从动植物进化的研究中发现，动植物进化结果在多数情况下都可以用博弈论的纳什均衡概念来解释。博弈论是在研究完全理性的人类互动行为时提出来的，却能够为生态学家解释根本无理性可言的动植物的进化现象。在 20 世纪 70 年代，生态学家 Maynard Smith 和 Price（1973）结合生物进化论与经典博弈理论在研究生态演化现象的基础上提出了进化博弈理论的基本均衡概念——进化稳定策略（evolutionarily stable strategy，ESS）。目前学术界普遍认为进化稳定策略概念的提出标志着进化博弈理论的诞生。在分析人类活动影响地理、气候等研究中，相关自然科学领域的学者也借鉴了管理科学中的系统论、调查研究、实证、实验等方面的成果及方法。因此，管理科学的发展在科学问题构造、研究方法、数据获得等方面，为其他自然科学进行包含人类活动内容的研究提供了经验借鉴。

第三节　管理科学在国家总体学科发展布局中的地位

管理科学着重从科学规律的角度研究人类的管理活动。人类社会的管理实践活动是指在社会组织中，处于主导和支配地位的人员通过组织、计划、协调、控制等方式，有效地配置和利用各种资源（包括人力资源），以实现组织目标的活动。管理具有自然和社会两重属性。管理的自然属性是管理活动及其基本职能不因社会制度、意识形态的不同而有所变化，是客观存在的；管理的社会属性是指管理活动反映了社会中人与人之间关系的一个侧面，它不仅体现了一定的社会生产关系，而且具有社会生产力性质。作为投入资源，各种生产要素只有通过企业家与公共管理者的管理活动，才能更加有效地转化为财富和社会进步。管理具有科学性和艺术性双重特征。管理的科学性表现在：尽管管理活动的规律在一定程度上受到由历史文化积淀、社会制度约定等构成的“情景”的影响，但它的确存在着具有一定普适性的、不以管理活动参与者或者研究者个人意志为转移的客观规律。人类关于管理活动的知识及获取这些知识的方法已经逐步形成了系统性的知识框架体系，构成了科学大家庭中的一门独立学科，这在中国管理科学发展与社会现实中逐步形成共识。

管理科学定位于交叉学科。现代科学发展呈现出两种趋势，一种是综合交叉，另一种是学科细分与纵深发展。而基于管理科学基础研究的对象和方法论的特性，在学科定位上，管理科学跨自然科学、工程科学、技术科学及社会科学，是一门以数学、经济学、心理学、信息科学与技术、系统科学等为基础的综合性交叉学科，着重研究人类社会组织管理活动的客观规律。它随着现代社会化大生产的发展而产生，并随着社会与科学技术的发展而发展。例如，在实际管理科学基础研究中，应用经济学的基本原理说明管理中组织的基本目标，应用心理学和组织行为学的知识解释组织中个人与组织的动机和行为，应用数学建模优化工具分析管理的基本规律。除此之外，信息科学与技术的发展为组织的运作提供了必要条件和沟通手段，系统科学的原理奠定了管理的逻辑系统。

管理科学在国家总体科学发展布局中对其他科学技术的发展起到了有力的支撑作用。管理科学研究的学科交叉特性决定了它能够成为其他科学技术发展的支撑理论之一；而其他科学技术在发展过程中面临的各种问题经常需要管理科学提供有力支撑。例如，发展能源资源和环境保护技术是国家优先发展的战略领域，改变过去高投入、高消耗、高污染的经济增长模式为资源节约型、环境友好型经济发展模式是实现可持续发展的重要保障。而在这一转变过程中需要综合应用管理科学的研究成果来实现管理资源优化配置、能源合理使用、消费方式理性转变、人与自然的和谐发展。由此可见，管理科学在国家总体学科发展中对其他科学技术的发展具有非常大的支撑作用。同时，其他科学技术的发展也对管理科学的理论创新提出新的要求，这也是由管理科学本身具有的基础科学研究的特征决定的。

第四节　落实《国家中长期科学和技术发展规划纲要（2006—2020年）》中管理科学的战略部署

未来10年是我国科学技术发展的重大战略机遇期，2006年2月国家制定了《国家中长期科学和技术发展规划纲要（2006—2020年）》（简称《规划纲要》）战略规划蓝图。《规划纲要》明确提出将提高自主创新能力作为调整经济结构、转变增长方式、提高国家竞争力的中心环节，把建设创新型国家作为面向未来的重大战略选择，全面推进国家创新体系的建设，迅速提升我国的科技实力和创新能力，有效支撑全面建设小康社会目标的实现，使我国进入创新型国家行列，为我国在21世纪中叶成为世界科技强国奠定基础。本次管理科学发展战略规划，必须紧紧围绕《规划纲要》的战略需求，以长远的眼光审视管理科学的战略地位，以前瞻的思维谋划发展战略，以科学的论证引导国家资源的战略配置，在贯彻落实《规划纲要》中有关管理科学战略部署的同时，使管理科学的发展为《规划纲要》的顺利实施提供坚强的学科支撑。

在《规划纲要》中，涉及管理科学的问题很多，如科技体制管理、科学技术研究的项目管理、科技成果与知识产权管理、交通运输管理、制造生产管理、服务质量管理、各种信息系统管理（如农业信息管理、医疗诊断智能管理）与智能决策、战略能源管理、资源环境管理等。由此可见，这些科技战略发展领域的发展，除了本身就是管理科学发展的内容之外，也需要运用管理科学的理论和方法。在未来10年中，管理科学是创新国家科学体系中的重要组成部分，管理科学的研究对实现国家中长期科技发展战略的目标具有重要的意义。

在全面分析中国社会经济发展需求、《规划纲要》、国内外管理科学研究状况等综合因素的基础上，结合我国经济与社会发展对管理科学发展的机遇和需求，在管理科学具体战略部署过程中，特别强调以下五个方面。

第一，着眼发展全局。管理科学的战略规划应立足国家长远需求，必须把国家利益放在首位，防止狭隘的部门和学科利益导向。立足管理科学本身开展研究，既要考虑管理科学的国际前沿，又要考虑国家战略需求；既要考虑管理科学的纵向发展，又要考虑与其他学科的横向交叉，把提升我国自主创新能力、推进国家创新体系建设摆在管理科学发展战略规划的基础位置。

第二，继承与发展并重。《规划纲要》、《国家自然科学基金“十一五”规划》等，都是本次管理科学发展战略规划的重要历史基础。认真研究这些基础，不仅要考虑已经部署的管理科学发展战略任务的落实，还要考虑管理科学如何进一步为国家重大战略需求问题的解决、科技重大专项的实施发挥支撑和引领作用。要认真分析、总结、评价以往的战略研究，注重与相关资助计划部署的协调统筹，注重学科发展重点任务和优先领域的有机衔接。从总体上解决管理科学发展的均衡协调布局、体制和机制问题，建立适合中国国情的管理科学发展体系。

第三，突出战略规划重点。管理科学发展战略规划将放眼于国民经济、社会发展、产业结构调整和管理科学自身发展的全局，提出管理科学的中长期发展的战略重点，重点解决影响国家经济、社会发展和人民群众生活等重大关键问题中存在的管理问题。

第四，强调管理科学的前瞻性。管理科学必须着眼于未来经济、社会和科技的发展，从建设创新型国家的要求出发，在世界众多管理科学发展的前沿中凝练战略方向，准确提出和把握具有重大方向性的管理科学问题，强化管理科学作为先进生产力和先进文化的组成部分的功能。

第五，注重开放环境。基础研究国际化的特点要求我们必须具有世界眼光。研究我国管理科学研究的现状与态势，离不开国际比较与分析，遴选发展重点离不开世界前沿。科学研究需要广泛的国际合作，管理科学的发展战略部署要有国际视野，研究过程中需广泛吸收国外先进理论与方法，广泛开展国际合作和学术交流，充分利用国际资源来提升我们的研究水平。

第五节　国民经济社会发展与国家安全对管理科学的需求

经过改革开放 30 多年来的发展，我国社会主义市场经济已经进入了一个新的阶段，中国的经济实力、科技实力、军事实力、国际政治地位都有了显著提升。在过去的国民经济建设过程中，管理科学所提出的一系列理论、方法和技术手段已经发挥了巨大作用。在新的历史时期，我国社会、经济及科技发展，在资金、技术、管理等方面将面临更大的挑战。在转型期如何建立和谐的经济和社会环境，迫切需要管理科学在管理实践中提出能有效解决实际管理中面临的难点问题的基础理论与方法作为智力支持。这就对管理科学的发展提出了更高要求。同时，当前长期制约我国经济健康发展的体制性、结构性矛盾依然存在，一些涉及人民群众切身利益的问题没有得到根本缓解，市场秩序不规范，市场监管和执法不到位，政府自身建设不完善，社会诚信体系不健全。我国正处在经济发展模式转变、经济结构调整的历史发展阶段，为了抓住机遇、迎接挑战，国家正在进行多方面的努力，包括统筹全局发展、深化体制改革、健全民主法制、加强社会管理等。我国管理科学正面临国民经济和社会转型的关键时期，管理科学应把握时机，顺应时代发展需求，不断拓展学科发展空间和发展优势。中国当前的中心任务仍然是推动经济持续健康发展，其关键在于振兴中国的产业。要实现中国的产业振兴，关键在于提高中国企业的质量和效益。而提高中国企业的竞争力、从长远对企业进行战略规划，都需要强有力的理论指导。面对管理科学迅速发展的态势，有必要对管理科学的未来发展方向进行规划，这不仅是企业发展的需要，更是国家强盛的需要。

第一，推动我国经济持续、健康发展要依靠正确和科学的管理决策。2010 年我国 GDP 为 397 983 亿元，比上年增长 10.3%。分产业看，第一产业实现增加值 40 497 亿元，增长 4.3%；第二产业实现增加值 186 481 亿元，增长 12.2%；第三产业实现增加值 171 005 亿元，增长 9.5%。第一产业增加值占 GDP 的比重为 10.2%；第二产业增加值占 GDP 的比重为 46.8%；第三产业增加值占 GDP 的比重为 43%。[①]

从总量上看，我国的经济总量已位居全球前列，但与世界第一大经济体——美国相比仍然存在较大差距。我国企业的质量和效益

① 中华人民共和国国家统计局，《中华人民共和国 2010 年国民经济和社会发展统计公报》。

存在较大的问题，产业发展滞后，产业结构不合理，技术进步缓慢，企业竞争力不足，效益较低而风险较高。因此，加强管理科学的研究，推动我国的产业更新换代，提高我国企业的质量和效益，增强自身竞争力，提高抵御各种风险的能力，无疑具有重要的战略意义。而提高我国企业管理质量、增强企业自身竞争力、提高企业抗风险能力的手段就是正确科学的管理决策。从这个意义上说，推动我国经济持续健康发展的关键在于选择正确科学的管理决策，而正确科学的管理决策的理论依据是不断发展的管理科学知识。

第二，提高管理科学的研究水平，满足企业需求，促进企业提高管理水平。从总体上看，我国企业的管理水平不高，经济效益较低，企业管理水平亟待提高。与各个行业的世界级水平的先进企业相比，我国很多企业的赢利能力偏低，负债比率偏高，成长性偏低，赢利质量较低；即使一些赢利能力较高的企业，也主要是分布在垄断行业。这与党中央和国务院提出的"更加注重推进结构调整，更加注重加快自主创新，更加注重加强节能环保，更加注重城乡统筹和区域协调发展，更加注重深化改革开放，更加注重保障和改善民生，在应对国际金融危机冲击中为经济社会发展积累和创造更加有利的条件"的决定，还有很大的差距。因此，为数众多的企业、较低的企业管理水平，是不可忽视的现实。这样的现实要求我国加大投入，提高管理科学的研究水平。一方面，从管理实践中总结和提炼成功企业的管理经验，并提升到理论和原理层面；另一方面，研究现代管理理论和方法，推动企业提升管理和决策水平。目前，我国无论是企业管理水平，还是管理科学的研究水平，都与发达国家存在很大差距。因此，加大投入，提高我国管理科学的研究水平和我国企业的管理水平，具有重要的现实意义和理论意义。

第三，加强科学技术研究的力度，鼓励创新型科学技术研究。《中华人民共和国 2010 年国民经济和社会发展统计公报》显示，2010 年研究与试验发展经费为 6980 亿元，比上年增长 20.3%，但占 GDP 的比重仅为 1.75%。其中，基础研究经费只有 328 亿元。中国一直用很低廉的成本支撑全球规模最大的制造业和教育系统，用很低廉的人力资源成本支撑快速经济增长，成效很大但可持续性一直受到质疑。因此，我国将加大研发的投入，将企业视为推动科技进步的主力军之一，这也要求加强管理科学的理论和应用研究。企业科学和正确的管理决策，是国家和企业科技进步的驱动器。

第四，当代经济全球化和新技术革命带来的人类社会变革给管理科学提出了新的研究课题。全球化是当代世界发展的重要趋势，也带来了一系列超越国家边界的问题，诸如全球人口问题、南北差距扩大、全球经济稳定、全球气候变暖与生态环境、全球资源与能源、全球粮食与水安全、全球性传染病、跨国犯罪和反恐怖等。世界各国已基本达成共识：这些问题都需要跨国、跨部门的共同行动与治理。与此同时，国与国之间的相互依赖日益增强，主权国家实施宏观管理与决策的行为越来越多地受到全球化的影响。这就在客观上要求一国的管理科学研究必须置于全球化的背景中，而且必须在全球层面上探讨各国面临的共同问题。另外，以信息通信技术为先导的新技术革命正日益向纵深发展，正在极大地改变着人类的生产方式、生活方式乃至社会组织与治理模式。人类认识自然、改造自然和经济社会发展的各个领域，都处于新技术革命所带来的变革浪潮之中，并对管理科学的研究提出了许多全新的课题。

第五，中国社会转型期对管理科学研究也提出了迫切要求。对于转型中的国家来说，在追求均衡、和谐、持续的经济发展路径中面临着比一般国家更多的挑战和困难。21 世纪，中国的发展进程不可避免地会遭遇一系列重大现实问题的挑战，如人口三大高峰（即人口总量高峰、就业人口总量高峰、老龄人口总量高峰）相继来临的压力、能源和自然资源的超常规利用、整体生态环境倒“U”形曲线加速向右侧逆转、城市化进程带来的巨大压力、缩小区域间发展差距并逐步解决三农问题、国家可持续发展的能力建设和国际竞争力的培育等。如今我国还面临着起源于美国的全球金融危机的巨大考验。在这一背景下，实现和谐与均衡发展的目标就更为复杂和艰难。这要求管理科学界对具有中国情境的管理问题进行更加广泛与深入的探索，为应对上述挑战提供理论支持。

第六，树立科学发展观、构建和谐社会和建设创新型国家的任务，需要管理科学的理论支撑。培育国家层面的自主创新能力是中国摆脱目前粗放发展模式的先决条件。这种粗放发展模式的特点是劳动力密集、过度消耗自然资源与环境储备、过度依赖外部市场、技术水平低下。当前，党和政府明确了科学发展观是指导经济社会发展的根本思想，做出了全面建设小康社会、构建社会主义和谐社会和建设创新型国家等战略决策，大力实施和推进科教兴国、人才强国战略，不断深化经济体制和政治体制改革，推进政府管理创新和服务型政府建设，这些都对管理科学的研究提出了一系列全新要求。科学发展观的落实、和谐社会的构建和创新型国家的建设，一方面为中国公共治理结构的变革与发展提供了新的战略导向和巨大空间，另一方面也要求政府的宏观管理与决策更加民主、更加科学、更加透明，从而对管理科学提出了更高更新的要求。同时，科学发展观、和谐社会和创新型国家等概念的提出也促使对管理科学未来发展方向进行调整，为中国的发展提供及时有效的理论指导和政策支撑。

第二章

管理科学的发展规律与发展态势

第一节 管理科学的定义与内涵

管理指在社会组织中，处于主导和支配地位的人员通过组织、计划、协调、控制等方式，有效地配置资源和利用各种资源（包括人力资源），以实现组织目标的活动过程（陈晓田，2009）。管理是人类社会组织中一类重要的活动，管理研究的对象正是这类活动的规律。由于有人的参与，管理活动往往兼有两种属性（国家自然科学基金委员会管理科学部，2006）：既有在给定假设条件下具备一定普适性客观规律的特点（即管理的科学属性），又存在依赖参与者个人经验和主观价值判断的不可重现特征（即管理的人文属性）。管理科学则主要是从科学属性的角度，应用符合科学规范的方法，探索管理活动的普适性客观规律，具有基础研究的特征。国家自然科学基金委员会将管理科学定义为研究人类社会组织管理活动客观规律及其应用的学问，是一门跨自然科学、工程科学和社会科学的综合性交叉学科。

与其他学科一样，管理科学的研究同样追求“发现现象、解释现象”的目标，探讨大量存在于人类生产和服务活动中的特性、关系、规律及其影响因素，并通过对这些方面的掌握来寻求最优的管理决策，使之有助于指导人类的管理活动实践。管理科学作为一门应用性很强的学科，管理实践需求（包括国家、社会的宏观管理需求和企事业的微观管理需求等）是管理科学发展的主要驱动力。在人类管理活动的实践过程中，会不断涌现出困扰管理实践者的新问题，对这些新问题的凝练，形成了管理科学研究中的科学问题；而对这些科学问题的答案的探究，则推动了管理科学理论的发展。

管理科学的研究对象是有人参与的社会经济活动，包含了人的主动影响。在管理活动中，人的行为受到个体和群体的社会认知、社会态度、价值取向的影响，还受到经济、技术、制度、文化因素及具体情境中大量不确定因素的制约，体现出“有限理性”的基本属性，导致人们在行为上并不总是追求“效用最大”，而是会根据对环境的认知和自己有限的思维，做出“让自己满意的选择”（刘作仪，2009）。因此，在管理科学研究中，无论系统中人的因素相对较少（如运作管理中的调度优化），还是相对较多（如金融管理中的定价），如果考虑了上述行为因素，分析的复杂程度将显著增大；而如果忽视了这些行为偏差，不考虑人的主观能动性，淡化了对不同的人具有不同的世界观、价值观，以及兴趣、偏好等观念的认识，对管理系统的分析又将缺乏完整性。另外，人与人的行为互动，也使得管理活动具有更大的复杂性和不确定性。因此，在研究管理活动的规律时，应当将行为作为研究的基础假设之一。

管理科学的研究结论具有有限的“普适性”，依赖于众多因素复合而成的复杂前提假设（或者称为“情景”），因为管理对象是有人参与的系统，人的决策行为除了受人类本身复杂的心理因素的影响外，还受到动态变化环境因素的影响。在管理实践中，由于组织的差异、组织成员的不同，管理工作所遇到的问题不完全一样，组织运行的环境（如社会、经济、文化、技术等条件）也存在无穷的变化，所以决定了在管理的具体工作中不一定存在统一的模式、完全可复制的方法、唯一的结论（成思危，2000；谭力文，2009）。这种情景依赖的特性，如同其他自然科学研究在条件与约束变化的情况下，其客观规律也将有新的变化一样，体现了管理科学研究严谨的科学属性。据此，管理科学理论在形成过程中会存在不同的假设和应用条件，在条件满足的情形下，能够作为方法层面的理论直接应用去解决问题；在实践中，在应用条件不具备的情况下，虽然不一定能直接地应用去解决实践中的问题，但却往往可以启迪人类提高管理活动效率的管理思想和理念。

我国的管理科学包括管理科学与工程、工商管理和宏观管理与政策等三个子学科，实际上每一个子学科都是一个学科群。管理科学与工程学科是研究为了实现管理目标，应用数学、工程技术科学、经济学、行为科学知识，将人力资源、物资设备、技术能力、金融资源和信息等组织起来，对各种管理问题进行分析、评价、决策、改进、实施和控制等的方法和理论的学科。工商管理学科被界定为“以工商企事业单位及非营利组织为研究对象的微观管理理论、技术与方法的基础研究和应用基础研究”。具体而言，工商管理学科的研究对象是组织内部各项活动、各项活动之间的相互关系及组织作为整体与其外部环境之间的关系。侧重从活动的不同角度，对组织展开研究，形成工商管理学科内不同的子学科与研究领域。宏观管理与政策学科是研究政府及相关公共部门为实现经济、政治、文化和社会发展目标，制定宏观政策和实施综合管理行为规律的学科群的总和。根据研究对象的不同，通常可以将宏观管理与政策学科分为宏观政策管理、公共组织管理、领域政策管理三个部分。宏观政策管理主要研究国家和地方政府制定宏观政策的过程与规律；公共组织管理主要研究政府机构和其他公共组织自身管理活动规律及其在执行公共政策及提供公共服务过程中的规律；领域政策管理主要研究政府在不同领域制定政策与实施管理的规律，这些领域涉及产业发展的宏观管理与政策，农业和林业发展的宏观管理与政策，国家财政与税收政策，资源与环境保护政策，科技管理与教育政策，劳动、就业、医疗卫生与社会保障政策，信息资源与情报管理等多方面内容。

第二节　管理科学的发展规律和特点

一、管理科学的发展历程

管理科学作为一门实践性很强的学科，在我国的发展，与我国经济体制改革的深化和市场经济体制的日益完备密切相关。社会与经济、科技发展的实践对管理科学、管理理论与方法有着强烈的需求，且这种需求不断增长，正是这一社会需求产生的巨大推动作用，使我国的管理科学在改革开放后获得了迅速发展甚至超常规发展（赵纯均，2008）。

改革开放之前，自然科学家与工程科学家承担了发展我国管理科学的历史责任。20 世纪 50 年代初，一批从西方国家回国的具有系统工程、数学、运筹学等自然科学、工程科学专业背景的科学家，如钱学森、华罗庚、许国志、刘源张等，认识到管理科学对国家发展的重要性，高瞻远瞩，利用当时自然科学比社会科学相对宽松的社会环境，积极开创了我国管理科学的理论研究与实践活动。中国的自然科学家与工程科学家出于对国家的高度使命感，义不容辞地承担了推动与发展我国管理科学的历史责任。1956 年中国科学院就成立了运筹学研究小组，许国志、刘源张编著了中国最早的《运筹学》，华罗庚编著了《统筹法》，向全国推广数量管理，在纺织生产管理、水文水库管理、邮电投递与电信管理，以及建筑、运输、冶炼、医药、商业等部门的管理中都取得了突出的效果和经济效益（陈晓田，2006）。

20 世纪 70 年代末，改革开放的社会实践需求极大地推动了管理科学在中国的飞速发展，以管理科学理论基础、管理技术与方法等为主要研究领域的管理科学与工程这一学科迅速发展起来。这一时期，国有企业的管理职能开始从它扮演的政府经济管理职能中分离出来，个体经济、民营经济等非公经济则开始向具有更复杂的组织形式和管理方法的现代企业转变。如何通过加强管理使国有企业提高质量以“扭亏增盈”是国民经济面临的迫切问题。系统工程、运筹学、项目评价、全面质量管理和管理信息系统等管理理论、方法在学术界得到了高度重视，并在企业界得以推广和运用，如当时传播颇为广泛的《管理 18 法》，介绍了管理工作中可以运用的 18 种科学管理方法、管理工具；1978 年 9 月 27 日，钱学森、许国志、王寿云在《文汇报》上发表了《组织管理的技术——系统工程》，系统介绍了系统工程、运筹学等理论在管理中的应用；在系统科学的指导下，1985 年 5 月完成的“2000 年的中国”大型研究项目直接为“工农业总产值翻两番”的战略目标提供了决策咨询服务。这些都极大地推动了我国管理科学中规划方法、决策分析、决策支持系统等领域的研究（赵纯均，2008）。

20 世纪 80 年代末，社会主义市场经济体制的确立和付诸实施为现代管理科学的发展提供了必需的制度前提。大多数国有企业进入了现代企业制度的建立与不断完善阶段，并逐步成为按市场经济规律运行的主体；非公经济总量上超过了国有企业，同时国内市场竞争日益激烈迫使国内企业摆脱粗放式的管理模式，开始关注企业内部的组织结构、企业战略、企业管理、公司治理、公司财务和人力资源、市场营销等方面的深层次管理问题，对企业进行科学管理的社会需求日益强烈，对高水平企业管理人才的需求也迅速增加。在管理科学与工程快速发展的同时，工商管理硕士（MBA）教育与工商管理研究在我国得到了快速发展。在管理科学研究、管理教育和管理实践相互需求、相互促进、相互协调的共同发展中，管理科学作为一门科学的地位被我国的社会和科学界进一步承认。完成这一承认过程的三大标志是：1996 年国家自然科学基金委员会决定将管理科学组升格为管理科学部（第七个学部）；1998 年国务院学位委员会与教育部在国家的学位设置中将管理学升格为与传统的理、工、农、医等大的学科门类并列的 12 大门类之一；中国工程院经过数年的筹备成立了工程管理学部（陈晓田，2009）。

进入 21 世纪，随着国家与国有企业由原来的行政隶属关系改变为产权纽带关系，以及资本市场的发展和竞争的加剧，无论是非公经济还是国有企业的公司治理问题都开始浮出水面，这推动了公司治理（治理结构、股东关系、委托代理等）的研究朝着更广和更深方向发展；同时在管理科学与工程的某些领域取得了一些具有国际水平的重要研究成果。另外，社会开始关注中国转型期社会发展、协调发展和可持续发展所面临的种种挑战，研究政府与其他公共管理部门在制定公共政策、提供公共服务、实施社会管理、构建和谐社会中急需解决的理论与实践问题，对公共管理提出了强烈的社会需求。尽管存在着发展不平衡的现象，但我国的管理科学还是进入了各个学科全面发展的新的历史时期。

二、管理实践需求是管理科学发展的主要原动力

现代基础研究的发展受“双力驱动”，既有来自科学系统自身不断拓展和深化的内部需求动力，也有来自经济社会发展需要的动力（陈宜瑜，2006）。管理科学作为一门实用的科学，管理实践需求无疑是管理科学发展的最主要原动力。作为人类知识体系的一部分，管理科学基础研究所解决的问题是从实践问题中抽象出来的科学问题，提出解决这些问题的方法和模式并加以检验，进而构成管理科学理论。另外，新的管理科学理论不能是空洞的、脱离实际的，而应是能够指导、解决管理问题的，这样的研究才能为发展管理科学理论与满足实际需求做出贡献，也符合实践—理论—实践的认识规律。在管理实践中发现问题，以及凝练与抽象出科学问题的过程中，都需要管理科学家敢于走出自己原来的、可能是相对狭窄的研究领域，以自己掌握的知识、理论方法、研究经验和长期的科学研究积累为基础，大胆探索与研究新的管理科学。从我国管理科学发展的历程可以看出，从我国改革开放、建设社会主义市场经济的实践中提炼出来的很多管理问题，很多都是西方管理科学理论未曾研究过的，也是单纯运用已有的管理理论难以解决的，如“两弹一星”、“2000 年的中国”、“三峡工程论证”、“神舟飞船”等，这些源自管理实践问题的研究极大地推动了我国管理科学的发展。自 1992 年开始，我国决定实施载人飞船工程。作为中国载人航天的起步工程，它是我国航天领域中规模庞大、系统复杂、关键技术多、可靠性和安全性要求极高、极具风险性的一项国家重大工程，是航天领域中极具挑战性的工程项目之一。“神舟飞船”科学计划的成功实践，丰富并发展了我国航天系统工程科学管理体系，体现了系统工程与现代管理科学的基本理论与方法，为航天事业的持续健康发展提供了重要保证（王礼恒，2007）。

另外，管理思想要根植于一国社会组织和民族文化，中国的管理科学发展需要根植于中国实践和中国文化。例如，中国核弹之父

邓稼先，美国核弹之父奥本哈默，两人的管理思维都取得了成功，但若两国互换位置，可能都不会成功。20 世纪 80 年代中期，以丰田汽车公司为代表的日本企业颠覆了美国世界制造业的霸主地位，美国麻省理工学院丹尼尔·鲁斯教授组织 53 名专家，历时 5 年时间，对 14 个国家的近 90 个汽车装配厂进行实地考察，总结出精益生产方式（lean production），它根植于日本民族文化传统，美国人很难进行复制，就像日本人很难学到美国人的创业、冒险的创新精神一样。中国管理科学的发展要想在当今世界的管理学界产生重大影响，同样需要根植于具有中国特色的文化传统和实践需求，融合古今中国管理思想精髓，指导中国经济和社会发展的管理实践问题，从而为民族的伟大复兴和人类的发展做出贡献（郭重庆，2008）。

管理科学发展的另一个驱动力，与其他学科相同，就是学科自身知识体系完善的需要。管理科学研究者出于自己的研究兴趣，对现有的理论进行完善，进而形成了管理理论。例如，现代投资组合理论主要由投资组合理论、资本资产定价模型（CAPM）、套利定价模型、有效市场理论及行为金融理论等部分组成。它们的发展极大地改变了过去主要依赖基本分析的传统投资管理实践，使现代投资管理日益朝着系统化、科学化、组合化的方向发展。1952 年 3 月，美国经济学哈里·马科威茨发表了《证券组合选择》一文，成为现代证券组合管理理论的开端。马科威茨对风险和收益进行了量化，建立均值-方差模型，提出了确定最佳资产组合的基本模型。但由于这一方法要求计算所有资产的协方差矩阵，严重制约了其在实践中的应用。1963 年，威廉·夏普提出了可以对协方差矩阵加以简化估计的夏普单因素模型，极大地推动了投资组合理论的实际应用。20 世纪 60 年代，夏普、林特和莫森分别于 1964 年、1965 年和 1966 年提出了资本资产定价模型，该模型不仅提供了评价收益-风险相互转换特征的可运作框架，也为投资组合分析、基金绩效评价提供了重要的理论基础。1976 年，针对资本资产定价模型所存在的不可检验性的缺陷，罗斯提出了一种替代性的资本资产定价模型，即套利定价模型，该模型直接导致了多因素投资组合分析方法在投资实践上的广泛应用。可以看出，在将管理科学研究的普适性规律用于指导管理实践的过程中，不断有新的管理问题涌现，人类对这些新问题的科学凝练又为管理科学的理论发展提供了动力源泉。

三、管理科学的综合交叉特性

管理科学是一门跨自然科学、工程科学和社会科学的综合性交叉学科，其体系的主要内容包括管理理论、管理技术和方法、管理的应用研究三部分，这三部分涵盖了多个学科的内容，但在目前的自然科学和社会科学划分体系中，任何一个或若干个学科的简单扩展或集成，都不可能妥善地替代管理科学的有关内容（陈晓田，1997）。我国国家技术监督局 1992 年 11 月发布、1993 年 7 月正式实施的《中华人民共和国学科分类与代码国家标准》将管理科学置于自然科学和社会科学之间，也说明了管理科学是一门交叉科学。

管理科学兼有自然科学与社会科学的双重属性，是自然科学与社会科学共同作用产生的综合性交叉科学。管理科学除了研究自然科学、工程技术的管理问题之外，还以自然科学和工程技术中的研究方法，研究社会经济发展中的管理问题。大量的研究对象是与“人”和“社会”紧密联系的，从这个角度来看，管理科学具有一定的社会科学属性。在管理科学历史发展中，许多自然科学家与工程技术专家起了关键性的推动作用，如被称为“管理科学之父”的泰勒就是一位工程师；运筹学、数学规划、决策论等都是在许多自然科学家（数学、物理学家等）对管理现象进行研究的过程中发展起来的；另外，管理科学与数学、信息科学、心理学等学科紧密联系，在其发展过程中形成的认识模式、基础理论和方法在一定程度上具有明显的自然科学的某些重要特征。

在我国，由于众所周知的历史原因，从总体上讲，在管理科学发展过程中社会科学没有单独承担起推动和促进管理科学发展的责任，我国自然科学家与工程科学家出于高度的社会责任感，承担起了我国管理科学发展的历史重任，管理科学依托自然科学和工程科学获得发展。但是管理科学这样一门综合性交叉学科的健康发展，必须发挥学科交叉特别是自然科学与社会科学两大学科交叉的巨大优势，不仅要重视有自然科学、工程科学知识背景的科学家作用的发挥，而且要重视有社会科学特别是有经济学知识背景的科学家作用的发挥，使其共同承担起发展我国管理科学的历史责任。

四、管理科学的方法论和方法的演进

在研究方法论上，随着自然科学研究方法论的演进和人类管理活动中环境的变化要求，管理科学的研究方法论也在演化。在近代经验分析阶段，科学发展沿着还原论的方向，研究“简单”系统的思维模式，用分析、分解、还原的方法，不断把整体分解为部分，把高层次还原到低层次，揭示了大自然的许多奥秘，取得了巨大成就（李曙华，2006）。以科学管理理论问世为标志的现代管理科学，形成之初就是典型还原论的方法论，即以实验研究和动作研究方法，试图通过分拆出影响工作效率的各个因素及改进方法，达到提高个体工作效率的目的。迄今为止，还原论在管理科学研究过程中仍然处于主导地位。

随着人类对管理活动客观规律研究的进一步加深，以及社会、经济活动环境的变化，人们发现，管理活动的个体效率并不等同于总体的效率，许多内容是不能从原来的要素中获得解释的，其中有复杂的作用机制。因此，研究方法论中考虑复杂性因素和作用机理的整体论的指导思想开始凸显。整体论认为自然界的事物是由各部分或各种要素组成的，但各部分不是孤立的，而是一个有机的整体（金吾伦，2007）。整体论揭示系统组成单元的相互作用（关系、连续）的规律，尤其是那些与单元的具体特征无关的规律。当前，随着经济社会发展中的全球化和科学技术的发展，管理科学研究的方法论也在不断演进。在科学技术水平提高的情况下，管理科学研究者可以利用信息技术的强大功能高效率地整理、分析数据，进行建模计算，进而在更微观的层面上分析个人与社会组织的管理行为互相影响下表现出来的复杂性及不确定性。同时，能够用过去所无法实施的实验手段和实验设备来探索管理规律，形成新的管理研究方法，能够用演化的思想和复杂性科学理论来描述微观个体行为所涌现出来的规律。

也应该看到，从方法论的角度，管理科学基础研究中的整体论与还原论并不是截然分开的，在具体的研究过程中，两类方法论是相互交叉和相互隐含的。而高水平的研究成果，既要吸收整体论从整体上看问题的长处及还原论深入分析的优点，又要注意克服它们各自的片面之处，是需要把两者整合起来形成部分和整体，并将分析和综合结合起来进行研究的结果。

在方法论之下，如同其他基础科学，长期以来，管理科学研究的方法大致分成三类：数理方法（如优化建模方法）、实证方法（如提出假设，以实际数据或案例验证方法）和实验/观测方法（如通过真人或多 AGENT 仿真方法）。特别是，考虑到管理活动对象有人类参与的特性，一些方法既属于还原论，又属于整体论，这显示了管理科学丰富多样的研究方法。

管理科学基础研究应用的主流方法从早期的实验/观测方法、实证方法，发展到近期的数理方法、计算方法，当前的趋势则是在研究方法中考虑了数理方法和实证方法、实验/观测方法、计算方法的平衡，体现了研究方法上螺旋上升的趋势。当前，不同知识背景的学者构成管理科学领域中的研究群体，考虑不同管理活动中科学问题的特性，分别或综合地采用数理方法、实验/观测方法、实证方法、定性定量相结合与综合集成的方法，辅之以直觉/顿悟等思辨方法，在科学假说的提出、论证和推广的全过程中进行科学研究，这已经成为管理科学的主流研究模式。其中，20 世纪 80 年代兴起的复杂性科学为管理科学的研究开辟了新的视野，也体现了这一螺旋上升的趋势。复杂性的研究，既考虑到内部组元个体的还原论方法，又考虑到组织内部组元相互作用而体现出来的整体性特征。复杂性科学已在经济复杂系统、灾害管理复杂系统等的研究中取得了重大进展。

五、管理科学的成果转化

管理科学的研究成果通常情况下可以通过与实际情况相结合，指导政府、社会组织和企业顺利开展管理活动，进而提升管理水平和实践绩效。管理科学的研究成果，在实务界应用的形式为提供管理咨询、管理软件及培训等。管理活动因其在实务工作中产生的巨大效益，使得政府、企业及其他非营利组织等对管理科学的研究成果有着巨大需求。另外，因为管理科学基础研究的成果具有情景依赖的特性，需要依据管理科学的研究成果，结合实务情况进行咨询活动。这使得在世界各地均有着数量众多的管理咨询机构，这些机构构成了管理科学成果转化的主要力量。我国管理科学的很多研究成果，已经成为政府、行业等宏观管理与决策的重要科学依据，还有一些研究成果提高了我国企业管理水平或帮助解决企业实际问题，对我国经济、社会与科技发展产生了重要的、积极的影响。

管理科学的研究者也根据实务界的需求，直接进行管理成果转化的活动。直接成果转化的形式之一是管理咨询工作，这里既包括为国家的重大发展决策提供科学依据，也包括解决微观组织的管理问题。例如，中国科学院黄季焜研究员，先后获得国家自然科学基金委员会国家杰出青年科学基金资助和创新研究群体科学基金资助。他在农业科技发展上对农业科技投资经济和政策作了深入的研究，同时在生物技术政策和转基因作物经济影响等方面作了大量研究，其成果发表在 *Science*、*Nature* 等著名的国际学术刊物上。他的研究成果在供给及转型经济领域，论证了技术降低价格保护的理论假设；解释了渐进性改革是转型经济的首选模式的原因。他建立了中国农业政策分析和预测决策支持系统，并利用该系统对中国粮食发展、农业科技政策、世界贸易组织等问题进行了分析。他的分析结果在国内外引起很大的反响，对相关实务工作起到了直接的促进作用。直接成果转化的形式之二是大量的 MBA 教育工作。在国内外，进行管理研究的商学院和管理学院，均进行大量的 MBA 教学培训工作。此外，从1997年开始，国务院学位委员会通过了在我国设置工程硕士专业学位的决定。我国工程硕士教育在工业工程、工程管理及其他管理科学的多个方向上，也进行管理教育培训工作。培养出来的这些管理方面的人才，大都在不同行业、不同规模的企业中从事不同的管理工作，极大地提高了我国企业的管理水平和绩效水平。

六、管理科学的研究组织形式

管理科学的研究组织形式依据研究内容的复杂程度、学科交叉特性和多学科综合性等方面的不同，有不同的组织方式。对于管理科学中的一些边界清晰、问题明确的管理科学研究，以个体独立研究（或组成一个小的团队）的方式进行，我国管理科学的研究组织形式很多都是以这种方式进行的，如获得国家自然科学基金面上项目、青年项目和地区项目资助的研究群体所进行的研究工作等；另外，国家自然科学基金资助的创新研究群体（一般10人左右），由优秀中青年科学家作为学术带头人和骨干成员，各成员有相对集中的研究方向和共同研究的科学问题，围绕某一重要研究方向进行基础研究和应用基础研究。① 同时管理科学的研究组织形式方面，随着管理研究问题的复杂化、交叉性和综合性增加，越来越多的高水平研究成果以跨学科、跨院校及国际合作的形式进行。例如，围绕国民经济、社会发展和科学前沿中的重大战略需求，在我国具有基础和优势的优先发展领域中，国家自然科学基金资助的具有“创新性、基础性、前瞻性、交叉性”的研究特征的重大研究计划，需要组建跨学科的研究团队以具有相对统一目标或方向的项目群的方式开展研究，以提升我国基础研究创新能力，为国民经济和社会发展提供科学支撑。②

目前来看，高等院校是我国管理科学的主要研究力量。管理

① 《国家自然科学基金委员会创新研究群体科学基金试行办法》。

② 《国家自然科学基金重大研究计划（试点）实施方案》。

科学与工程学科的研究力量主要集中在重点高等院校的管理学院和包括中国科学院部分研究所在内的有影响的研究机构。在工商管理学科，相对于国际上高等院校、咨询机构与企业三种研究力量的相对均衡发展，我国的研究力量仍然主要集中在高等院校设置的管理学院或者商学院。宏观管理与政策学科的研究力量主要集中在高等院校、中国科学院、国家宏观决策及其综合研究部门、中国社会科学院、中共中央党校、国家行政学院、军队相关研究部门等机构，以及大量的政策研究机构，为各级政府的宏观决策与管理提供咨询服务。总体来看，高等院校设置的公共管理学院和研究机构是我国开展宏观管理与政策基础性研究的中坚力量。由于宏观管理与政策学科交叉性强的特点，高等院校中的经济、政法、工商管理等相关学科中也有很多学者从事宏观管理与政策领域的专题研究。

七、管理科学的资助模式

强有力的资金支持是一门学科得以快速发展的重要支撑和保障。近年来，国家对管理科学的整体资助力度逐年加大，方向更加明确，初步形成了以国家自然科学基金、国家社会科学基金、国家软科学研究计划等为代表的资助体系，已经形成了不同资助重点、不同资助强度、多个资助系列、分支领域齐全的整体资助格局，有力地扶持了学科的研究和发展。国家自然科学基金支持的管理科学研究主要从科学属性的角度探索管理活动的普适性规律，旨在为更加科学地解决实践中复杂的管理问题提供创新性的管理理论与方法。国家社会科学基金主要支持直接面向我国社会经济发展实践中的具体问题的研究，研究定位为着力研究中央提出的一系列重大理论观点、重大战略思想和重大工作部署。国家软科学研究计划资助的研究的定位是为决策服务，坚持需求和目标导向，研究内容和焦点更为集中；密切关注科技、经济和社会发展问题，围绕当前经济和社会发展中的难点和热点问题进行研究；适度超前，对一些前沿性的重大问题作一些积极探索，为重大决策提供科学依据。

在2009年之前，国家社会科学基金没有设置管理科学来专门资助管理科学研究项目，在政治学、应用经济学等门类下资助与管理相关的研究；2010年国家社会科学基金首次设立“管理学”分类，主要资助具有明显应用性的管理研究。国家软科学研究计划除软科学理论与方法研究具有一定的基础研究特点之外，其余大都属于宏观与公共政策性研究范畴。国家各部委和各级地方政府机构则主要资助政策性研究，而企业界所资助的则主要是工商管理领域的咨询研究。国际资助与合作资助的项目和经费均有限。总体来看，管理科学基础研究的资助主渠道是国家自然科学基金，教育部的有关项目也有少量资助。管理科学的应用性和政策性研究主要受助于国家软科学研究计划、国务院各部委（包括国家发改委、教育部、科技部等)、国家社会科学基金等，地方政府的基金与专项经费、国际组织与国外科学基金也有少部分资助。而有针对性的管理咨询研究则更多地得到企事业单位的资助。除了国家级别的资助外，各地方政府也开始在涉及地方政府宏观管理职能的领域进行有选择、有重点的资助。这些资助成为国家级资助体系的重要补充，同样对学科全面、快速发展起到了重要的推动作用。

第三节　国际管理科学的发展状况与趋势

为了深入分析国际管理科学的发展状况，有必要对管理科学的三个子学科展开讨论。在第一章对管理科学的总体发展态势进行简要分析的基础上，本节将对这一总体态势进行具体分析。以下从学科基础研究发展的角度，分别根据管理科学与工程学科、工商管理学科、宏观管理与政策学科的国际文献进行分析，以期获得各领域的研究热点、发展趋势等信息。

一、管理科学与工程学科

近年来，管理科学与工程学科得到了空前的发展。管理科学与工程学科更偏向于基础研究，因此最能反映该学科发展现状的就是在各类学术期刊上发表的学术论文所关注的研究领域。因此本部分将遴选有代表性的数据库、期刊，根据专家调查所确定的研究领域、重点方向及检索词，进行文献统计计量，以期对学科发展现状有一个概括的了解，并作为制订战略规划方案的重要依据之一。

管理科学与工程类学术论文数量基本上每年都有稳定增长，其中在2008年有一个较大的增长。SCIE收录的管理科学与工程学科各领域论文情况（图2-1和图2-2）反映了管理科学与工程学科各领域的发展状况。

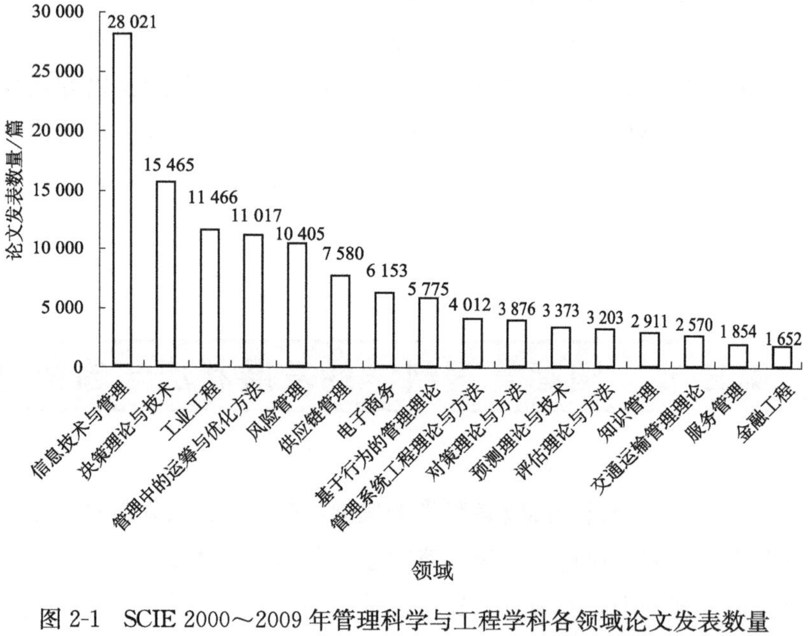

图2-1 SCIE 2000～2009年管理科学与工程学科各领域论文发表数量

从各领域论文发表数量来看，信息技术与管理领域的论文发表数量最多，这可能是由于近年来计算机科学、网络技术发展极其迅速，带来了一系列的相关管理问题，从而造成其相关研究增多。在“十一五”期间这个方向的论文也是名列前茅，这说明该领域保

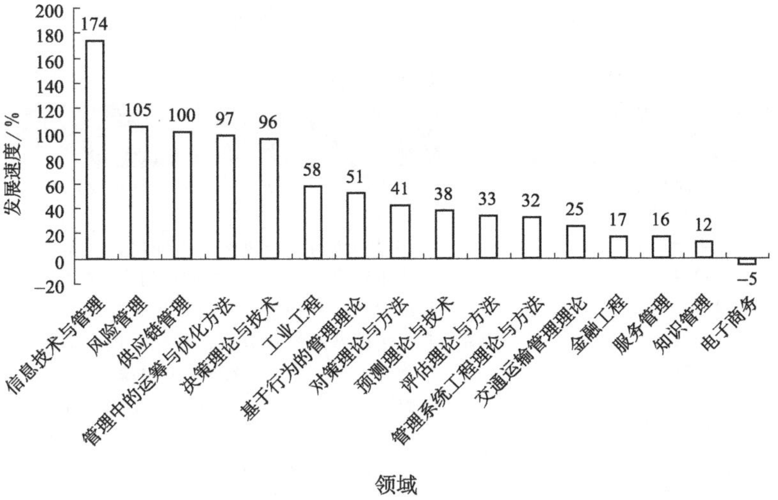

图 2-2　SCIE 2000～2009 年管理科学与工程学科各领域论文发表数量发展速度

持了持续的热度。此外，决策理论与技术、工业工程、管理中的运筹与优化方法、风险管理、供应链管理等都是国际上研究较多的领域。从发展趋势看，信息技术与管理的论文发表数量增加最快，其次是风险管理、供应链管理、管理中的运筹与优化方法。而在“十一五”之前增长最快的是管理中的运筹与优化方法、信息技术与管理、对策理论与方法。经过五年发展，信息技术与管理领域的增长速度已经远远超过管理中的运筹与优化方法领域。这说明信息技术与管理领域，不仅论文增加很多，而且相对前进步伐越来越快。这可能也是信息技术与管理领域研究日渐成熟的标志之一。

值得注意的是，虽然服务管理的概念在近 10 年受到广泛关注，但是其相关研究论文发表数量和发展速度在 SCIE 检索的论文中却处于末尾，说明这一领域的研究至少目前还只是处于起步阶段，还需要大力扶持。电子商务领域，在快速发展了 10 多年之后，整体论文发表数量呈现负增长趋势，这说明电子商务领域在国际上有渐渐转淡的趋势。但通过 SSCI 文献检索发现，电子商务发展速度处于 16 个领域的第九位，EI 检索的第十一位。这表明该领域发展可能与管理和工程应用更加密切，更偏重技术与管理问题研究，在理论研究方面研究不足。

同样，我们对 SSCI 检索和 EI 检索进行分析，归纳出管理科学与工程近10年来的发展排序，如表2-1所示。

表2-1 国外管理科学与工程学科的研究热点及排序（综合SCI、SSCI及EI）

热点排序	领域	发展速度排序	论文发表数量排序	国外研究的热点问题
1	信息技术与管理	1	1	基于行为的信息系统研究、数据仓库与数据挖掘、智能信息检索
2	决策理论与技术	5	2	多目标决策、群决策、不确定性决策、行为决策理论与方法、随机网络与决策模型
3	管理中的运筹与优化方法	2	3	确定性优化与管理、随机优化与管理、管理优化模型的算法分析、库存管理、排队论与管理、生产计划与调度、能力规划
4	管理系统工程理论与方法	5	4	复杂系统分析与集成、模拟与仿真、管理组织中复杂性研究的方法论、复杂系统中的传导动力机制研究、经济系统的宏观性质与微观行为之间的关系研究
5	供应链管理	3	5	中国国情与供应链管理研究、考虑服务的供应链管理研究与框架构建、供应链的合同研究、基于行为的供应链管理
6	对策理论及应用	6	6	对策（博弈论）理论研究、谈判理论与模型、拍卖机制设计与招投标理论与方法、战略联盟、公共决策与对策
7	风险管理	7	8	一般风险测度理论、商业银行信贷风险、金融机构的风险管理、生产运作系统的风险管理、突发事件的风险管理、信息技术风险管理
8	评估理论与方法	9	7	企业绩效评价理论、信用评价理论与方法、科学技术评价理论体系与方法研究、管理有效性评价、经济运行过程中的绩效评价、突发事件评估与管理
9	电子商务	8	9	电子商务的理论基础研究、电子商务的应用研究、移动商务、电子商务相关的消费者行为研究、基于行为的电子商务研究
10	工业工程	10	10	工作研究、人因工程/人类功效学、质量管理、微观投入产出分析、应急生产计划管理

二、工商管理学科

本部分从工商管理学科的各领域的发展速度、各领域各年论文发表数量两个方面来反映国际工商管理学科的研究现状。其中发展速度是根据2004～2008年每年发表论文数量的统计拟合的斜率值得出的。图2-3展示的是工商管理学科的各领域论文发表数量，图2-4是各领域的发展速度。国外工商管理学科的研究热点分析结果见表 2-2。需要说明的是，工商管理学科文献检索来源于 SCIE 中影响因子较高的 107 种学术期刊。

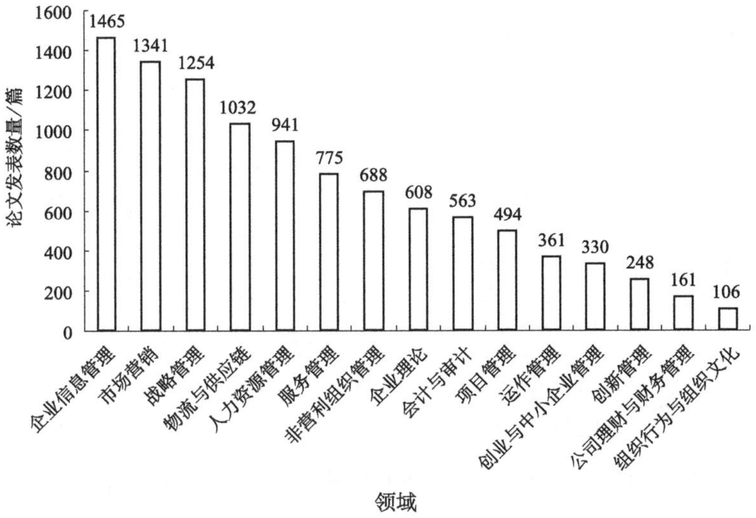

图 2-3　2004～2008 年国外工商管理学科各领域论文发表数量

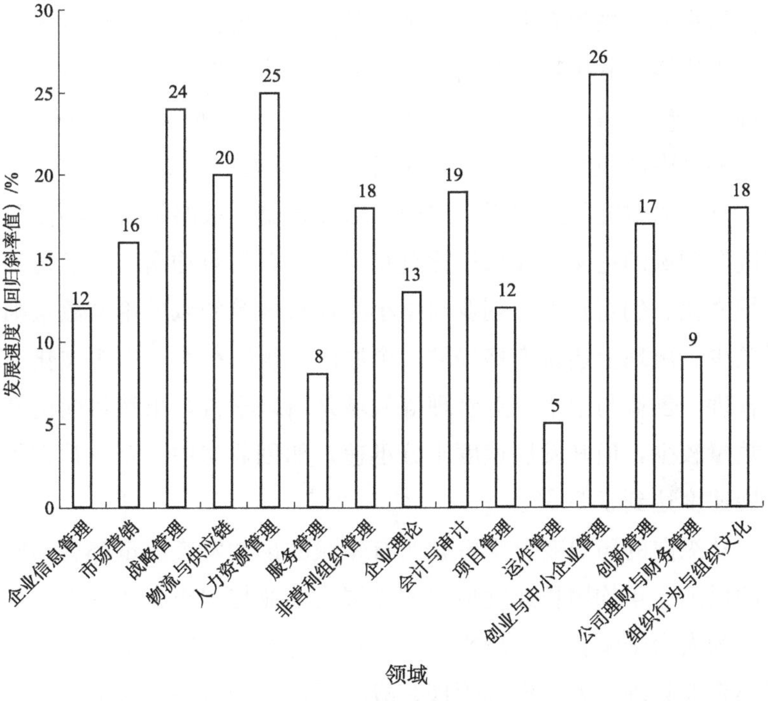

图 2-4　2004～2008 年国外工商管理学科各领域论文发表数量发展速度

表 2-2 国外工商管理研究热点排序

热点排序	领域	论文发表数量/篇	年均增速/%
1	企业信息管理	1465	12
2	市场营销	1341	16
3	战略管理	1254	24
4	物流与供应链	1032	20
5	人力资源管理	941	25
6	服务管理	775	8
7	非营利组织管理	688	18
8	企业理论	608	13
9	会计与审计	563	19
10	项目管理	494	12
11	运作管理	361	5
12	创业与中小企业管理	330	26
13	创新管理	248	17
14	公司理财与财务管理	161	9
15	组织行为与组织文化	106	18

从图 2-3、图 2-4、表 2-2 和期刊文献计量分析可以得出如下结论。

从工商管理学科各分支学科与研究领域看，国外期刊发表论文数量最多的领域为企业信息管理，其次为市场营销、战略管理、物流与供应链。其中，企业信息管理领域的论文发表数量在整个工商管理学科中所占比重最大，达到了 14%，这表明该领域在工商管理学科当中的重要性，这也与目前企业所处的信息化时代息息相关，其成为研究的热点无可厚非。市场营销、战略管理、物流与供应链等领域的论文发表数量比重相近，分布相对均衡。组织行为与组织文化、创新管理、创业与中小企业管理等领域的论文数量则相对较少。出现上述研究格局的一个原因是组织行为与组织文化、创新管理、创业与中小企业管理等领域是新兴学科，虽然目前论文发表数量较少，但其发展速度十分迅速，如创业与中小企业管理年均发展速度达到了 26%。

从纵向的历史变化来看，所有领域的论文发表数量都有不同程度的增加。年均增长速度最快的领域为创业与中小企业管理，其次依次为人力资源管理、战略管理、物流与供应链等，这表明创业与中小企业管理、人力资源管理、战略管理及物流与供应链等领域已经形成了各自较为成熟的理论体系和学科范式，并且吸引了越来越多的学者展开相关研究。

从研究热点来看，战略管理、项目管理、会计与审计、公司理财与财务管理、物流与供应链、市场营销等领域无论在论文发表数量还是年均增长速度上都较其他领域处于领先地位；从发展趋势上看，这些领域一直是国际上关注的前沿领域和研究热点。创业与中小企业管理、创新管理、服务管理、非营利组织管理领域虽然论文发表数量不是很多，但年均增长速度很快，是目前国际上的研究热点。

三、宏观管理与政策学科

对宏观管理与政策学科 81 种国际学术期刊论文发表情况的分析表明（图 2-5、图 2-6），2004～2008 年资源环境政策与管理领域发表的论文最多，增长速度也最快，占全部论文发表数量的 17%，其余领域的增长速度则大体保持稳定，所占比重较高的还包括医疗卫生管理与政策（16%），宏观经济战略与管理（12%），科技管理与科技政策（10%），城镇与区域发展管理（9%）等。

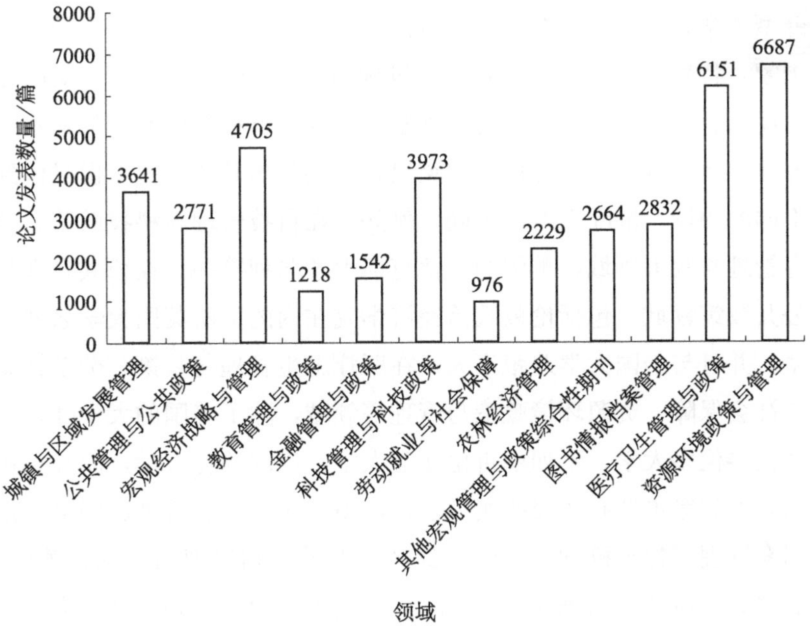

图 2-5　2004～2008 年宏观管理与政策学科各领域国际期刊论文发表数量

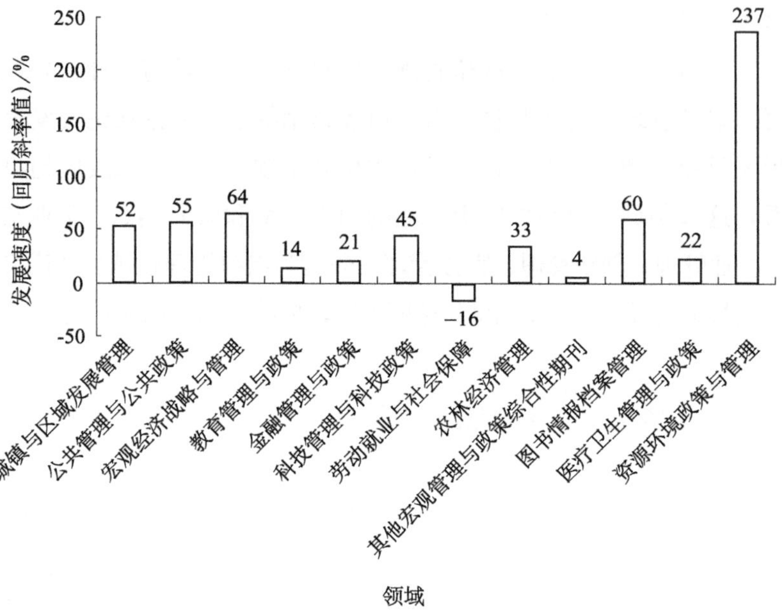

图 2-6　2004～2008 年宏观管理与政策学科各领域国际期刊论文发表数量发展速度

在所有这些领域中，领先发表（研究）机构几乎都是知名研究型大学，并且集中在美国、英国、加拿大、澳大利亚等少数几个国家，特别是美国（占所有领先机构的 90％以上）。因此，从国际角度来看，大学仍然是进行宏观管理与政策学科基础研究的最重要阵地，而美国的领先地位非常突出，远远超出其他国家，但具体到不同的领域，情况又有所不同。例如，在科技管理与科技政策、教育管理与政策领域，英国的苏塞克斯大学名列第一；在公共管理与公共政策领域，包括伦敦政治经济学院在内的多所英国大学名列前茅，并且与美国大学差距不大；在医疗卫生管理与政策、劳动就业与社会保障、资源环境政策与管理等领域，除了美国的大学外，加拿大多伦多大学、不列颠哥伦比亚大学，英国约克大学，澳大利亚国立大学等也拥有较强的实力；在城镇与区域发展管理、图书情报档案管理（包含科学计量学）这两个领域，则呈现出美国、英国、加拿大、荷兰、西班牙、比利时、丹麦等多国大学并存且实力差距不大的局面。

综上所述，管理科学当前的研究内容十分广泛，研究涉及 40 多个研究子领域，研究兴趣空前发展，各国对管理科学的研究重视程度越来越高，研究投入程度越来越大，国际合作研究也越来越深入。

第三章

管理科学的发展现状

第一节　我国管理科学在国际上的地位

管理科学的知识产出是一个国家管理科学发展水平的重要标志。经过近100年的发展，管理科学在国际上逐步形成了较为完善的知识和学术评价体系。在这个体系中，学术期刊发挥着重要的作用。全球优秀的管理学者都通过国际权威期刊发表自己的学术发现与学术观点。因此，我们将通过中国内地学者在国际权威杂志发表的论文数量分析中国管理科学目前的国际竞争地位。此外，一个国家提出的原创性管理理论与思想也是该国管理水平的重要标志之一。因此，我们也从中国内地管理学者和企业界提出的管理思想来分析我国管理科学的国际竞争地位。

由于国内管理科学的定义与国际上并不完全一致，并且涵盖的学科面较广，所以，我们采取分类加总的策略对文献进行计量分析，即先按照国家自然科学基金委员会的学科划分方式，分别对管理科学与工程、工商管理及宏观管理与政策学科进行数据收集，再进行汇总分析。其中，中文数据库选择中国期刊全文数据库，外文数据库选择SSCI、SCIE数据库进行检索。

在数据处理上，首先，将管理科学与工程、工商管理及宏观管理与政策这三个自然科学基金委员会划分的子学科进一步分解，将管理科学与工程划分为16个子领域，将工商管理划分为15个子领域，将宏观管理与政策划分为12个子领域；其次，确定管理科学与工程、工商管理及宏观管理与政策三个学科的重要期刊，其中，管理科学与工程包括21种国内期刊和SCI数据库包含的国外期刊，工商管理包括57种国内期刊和107种国外期刊，宏观管理与政策包括77种国内期刊和81种国外期刊；再次，每个子领域按主题词在所选定的数据库与期刊中进行检索，获取所需要的数据；最后，将各领域的数据加总整合成管理科学各学科的原始数据。

通过文献计量分析可以看出，中国管理科学的国际竞争力具有以下三个明显特征。第一，中国管理科学的整体竞争力相对较弱，与我国目前的综合国力与世界影响力并不匹配；第二，中国管理科学正在以超过世界平均增长水平的速度发展；第三，不同学科之间的国际影响力存在较大差异。

一、学术论文产出总量①

下面从三个角度对管理科学的学术论文产出总量进行评价。

第一，中国内地管理科学的学术论文数量与国际期刊学术论文数量之间的比较（图3-1）。国际管理科学各学科的发文总量呈稳定增长状态，2004～2008年年均发文量约30 000篇，中国内地期刊的年均发文量超过13 000篇。管理科学与工程方面国际期刊发文量大大超过中国内地；工商管理方面中国内地发文量与国际持平；宏观管理与政策方面中国（除中国台湾）与国际呈相反发展趋势——国际发文量逐年递增而中国（除中国台湾）则有下降趋势。由此可以看出，若仅就学术产出的量而言，我国管理科学的学术产出已经取得相当程度的发展，这是因为参与管理科学学术研究的人数相当可观。在亚洲范围内比较（图3-2），中国内地管理科学的

① 本节的一、二部分的所有数据均来自国家自然科学基金委员会管理科学部，《管理科学与工程学科“十二五”发展战略与优先资助领域研究报告》；国家自然科学基金委员会管理科学部，《工商管理学科“十二五”发展战略与优先资助领域研究报告》；国家自然科学基金委员会管理科学部，《宏观管理与政策学科“十二五”发展战略与优先资助领域研究报告》。

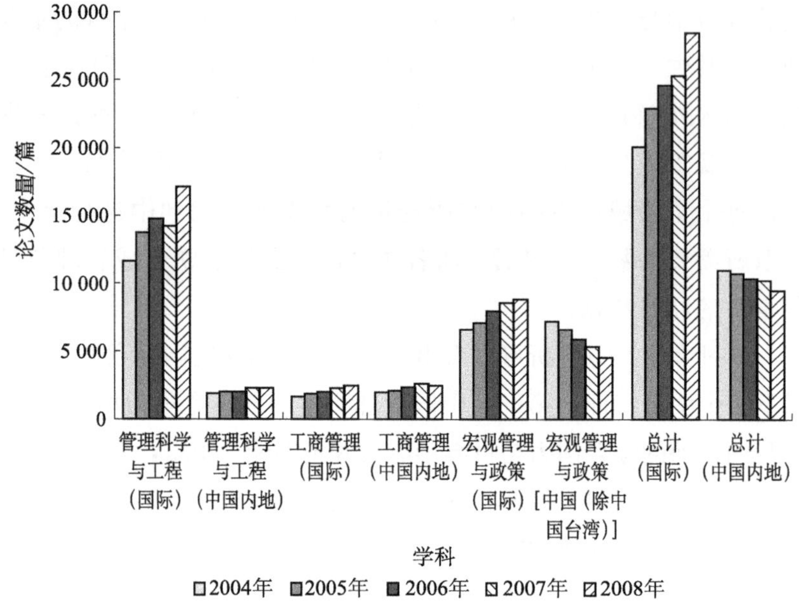

图 3-1　2004～2008 年管理科学国内外发文总量对比

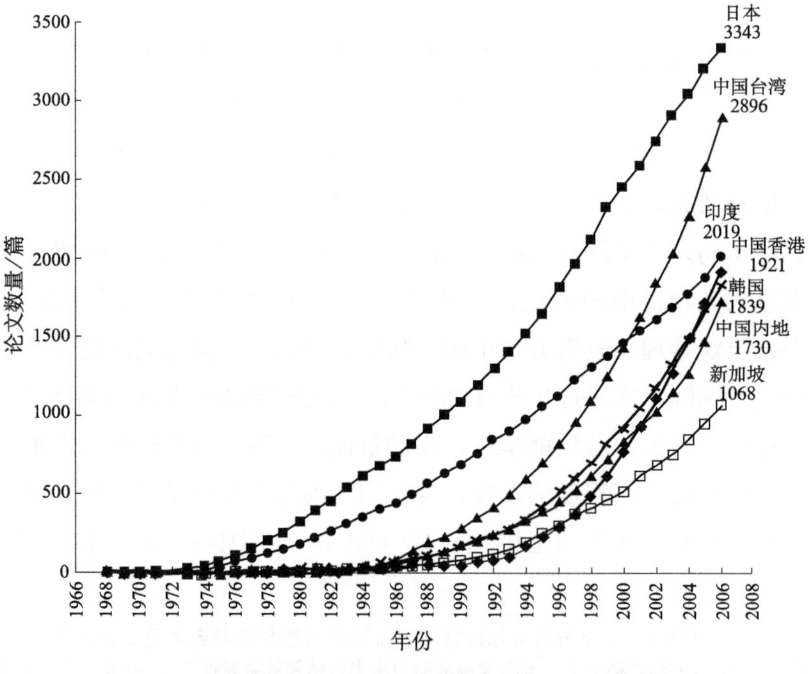

图 3-2　1968～2006 年亚洲管理科学学者的国际期刊发文量

资料来源：2006 版 JCR 的 OR/MS 类覆盖的 60 种期刊。

发文量和增长速度上都远不及日本和中国台湾，尽管在2006年与印度、中国香港和韩国较为接近。这说明中国内地管理科学的学术水平与亚洲学术较强的国家和地区相比也有一定的差距。

第二，中国内地学者在国际学术期刊和国内学术期刊上发表的论文数量之间的比较。如图3-3所示，2005年以来中国内地学者在国际期刊上的发文量年均超过1000篇，中国内地学者在国际期刊上发表的论文数量远小于在国内期刊上发表的论文数量。这表明大部分中国内地学者的研究成果主要通过国内期刊发表，中国内地学者参与国际学术对话的意愿和能力与国外学者相比有较大差距，而且不同学科之间，不同领域之间，这一差距不同，学科国际化的不平衡性表现显著。

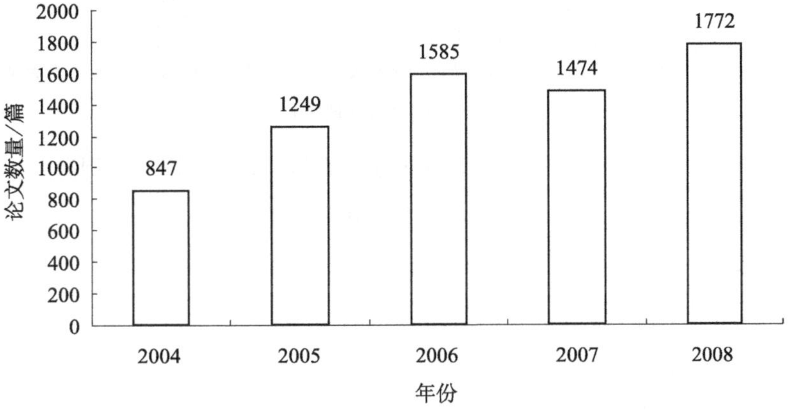

图3-3　2004～2008年中国内地管理科学学者的国际期刊发文量

第三，中国内地学者在国际期刊上发表的论文数量与学术强国（或地区）发表的论文数量的比较。由于管理科学与工程、工商管理、宏观管理与政策三个学科的国际发展水平不同，本书对管理科学各学科国际发文量排名前十位的国家（或地区）进行分析，比较中国内地与其他国家（或地区）的差距。管理科学与工程学科，美国仍以绝对优势占据榜首位置，英国以8033篇排名第二，中国内地以6277篇排名第三，但是与美国相比，差距仍然很大（图3-4）。在工商管理学科，美国以2589篇的绝对优势排在首位，英国和中国台湾分别以586篇和418篇名列第二和第三，中国内地则以376篇紧随其后，名列第四（图3-5）。第二至第四名实力相当，但与第一名的美国差距相当大。在宏观管理与政策学科，美国以绝对优势占据第一，排名第二、第三位的分别是英国与加拿大，发文量分别为5510篇、2427篇，两者之间的差距相差较大，中国（不含中国台湾）以920篇排名第八位，与前三名的差距悬殊（图3-6）。

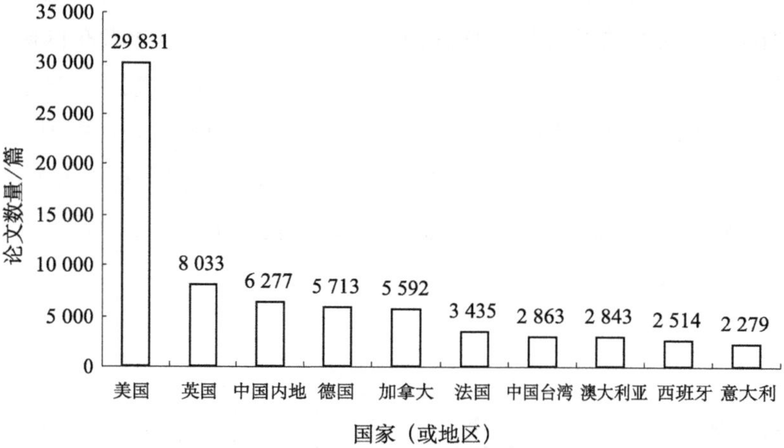

图3-4　2004～2008年管理科学与工程学科国际期刊发文量国家（或地区）比较

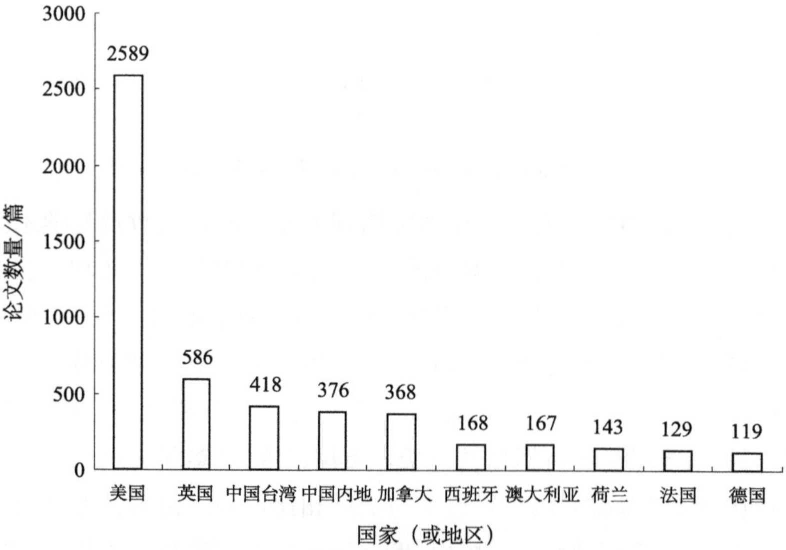

图3-5　2004～2008年工商管理学科国际期刊发文量国家（或地区）比较

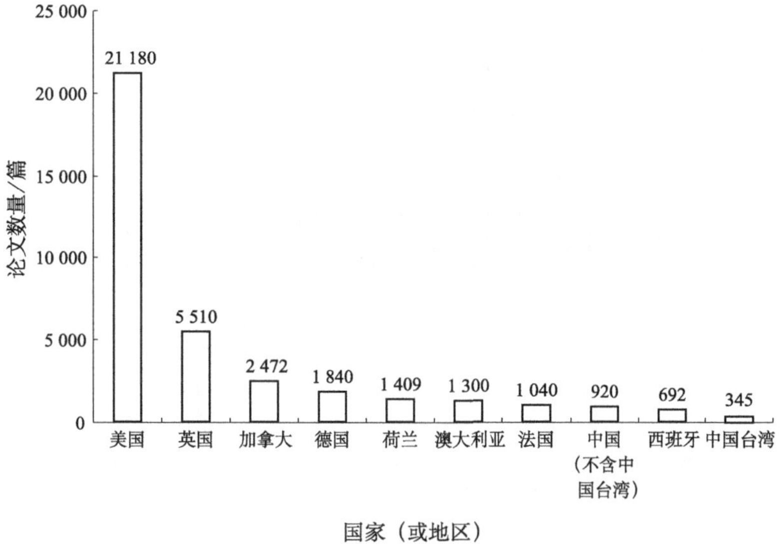

图 3-6　2004～2008 年宏观管理与政策学科国际期刊发文量国家（或地区）比较

二、论文发表数量增长速度

本书用论文发表总量增长速度与国际期刊发文量增长速度两个指标来分析管理科学国际竞争力的变化趋势。如图 3-7 所示，中国内地期刊发表论文总数的增长速度低于国际期刊增长速度。这一问题的原因可能有以下三个方面。第一，作为促使中国内地论文发表数量增加的主要驱动因素之一，参与学术活动的人数增速开始趋缓；第二，中国内地部分优秀学者开始将国际发表作为主要学术目标，减少了在国内期刊上的论文发表数量；第三，中国内地期刊的专业化速度与整体发展速度限制了中国内地学术论文数量的增长速度。

与总体增量的表现相反，除了 2007 年发文量增长率大幅下降外，中国内地学者在其他各年的国际期刊上的发文量增长率都大大超过国际平均发文量增长率（图 3-8）。中国内地学者在国际期刊上发表文章的数量稳步上升，由 2004 年的 847 篇发展到 2008 年的 1772 篇（图 3-3）。这一数据表明，中国管理科学在国际上整体竞争力排名虽然比较靠后，但是其增长趋势良好，潜力巨大。

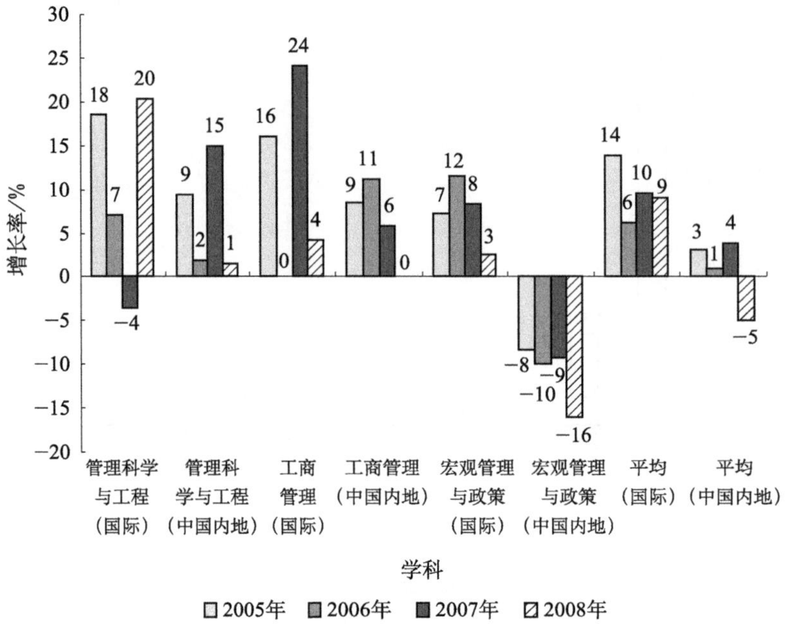

图 3-7　2005～2008 年管理科学国内外期刊发文量增长率比较

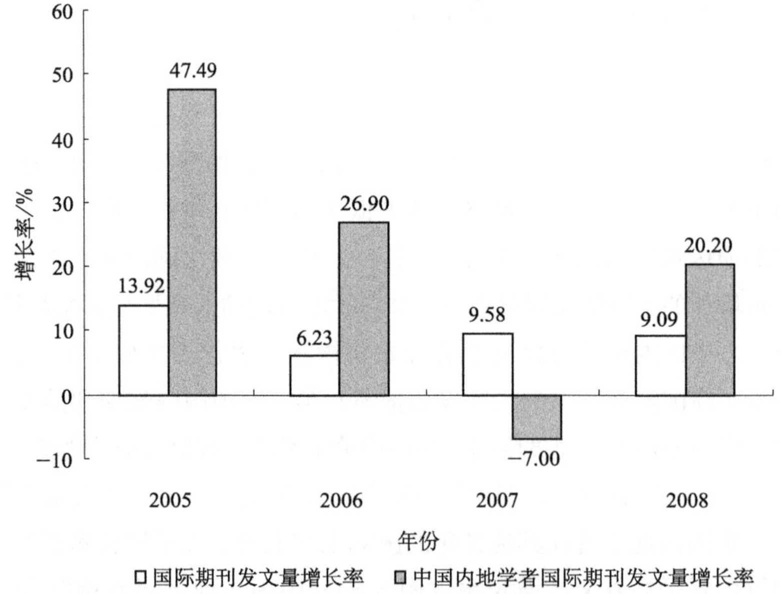

图 3-8　2005～2008 年国际期刊发文量增长率和中国内地学者国际期刊发文量增长率比较

第二节　我国管理科学的优势领域、薄弱领域和交叉领域的发展状况

相对学术强国（尤其是美国），我国管理科学仍然处于整体相对落后的地位。近年来，在以国家自然科学基金为代表的资金资助下，我国管理科学取得了一批具有国际水准的研究成果，在某些领域开始出现具有国际一流水准的学术论文，同时也涌现出了一批具有国际竞争优势的研究团队与学者。而发展相对较晚的学科，也出现了较快的发展势头。随着整体研究水平的提高，管理科学内部不同领域的交叉，以及作为整体与其他学科的交叉研究开始活跃起来，国内的资助机构（如国家自然科学基金委员会）也开始更多地关注学科交叉问题的研究。

一、管理科学的优势领域

在整体研究水平提高的同时，我国学者利用在部分基础领域积累的相对优势，以及具有中国特色的管理问题的研究机会，发展出了一些国际优势领域。在这些领域取得的重要进展，为中国管理科学进一步参与国际竞争提供了经验与信心。

基础领域的突破在管理科学与工程这一基础相对扎实的学科有较好体现。例如，在不确定性决策理论与方法研究领域，我国学者对不确定性决策的基本理论与方法进行了深入研究，获得了一批具有国际影响的研究成果；在交通运输管理领域，我国学者对交通系统管理与优化、交通分配、拥挤道路收费研究开展了创新性工作，在该领域国际一流刊物上发表了一系列重要研究成果并被某些著名国外媒体引用；在数量经济理论与方法领域，我国学者在投入占用产出模型等方面取得了重要成果，获得了国际同行的关注和好评，

其中一些获得了国际上相关领域的重要奖项；按照国别比较，中国图书情报档案管理领域在国际期刊发文量进入前三位（陈晓田，2009）。

在具有中国特色的管理问题的推动下，国内学术界在国际合作方面开展了一系列研究课题，这些研究推动了部分领域的发展。例如，在宏观管理与政策学科，“十一五”期间由中国学者（不含中国台湾学者）发表（含合作）的论文数量在各个领域均进入了前十位或接近前十位，金融管理与政策领域进入前四位，科技管理与科技政策领域进入了前七位；在资源环境政策与管理、医疗卫生管理与政策、城镇与区域发展管理等领域，中国学者的研究成果已接近国外先进水平。①

这些优势学科领域的不断发展使得中国学者的成果开始出现在国际顶级学术期刊。例如，在管理科学与工程学科，在“十一五”期间，国际顶级学术期刊 *Management Science*、*Operations Research* 上中国内地学者署名的论文有10篇左右；② 在工商管理学科，“十一五”期间，中国内地学者在具有较强影响力的国际期刊 *Journal of Finance*、*IEEE Transactions on Engineering Management*、*Strategic Management Journal*、*Journal of Business Venturing* 及 *International Journal of Production Research* 等上都有多篇文章发表，全部文章的平均引用次数为4.7次；③ 在宏观管理与政策学科，中国内地学者基于中国管理实践的研究在“十一五”期间在 *Science* 和 *Nature* 上分别有文章发表，并被多次引用。④ 在 *American Economic Review*、*Research Policy*、*Energy Policy*、*American Journal of Agricultural Economics*、*R&D Management* 等国际一流杂志上，发表了越来越多的成果。

---

① 国家自然科学基金委员会管理科学部，《宏观管理与政策科“十二五”发展战略与优先产资助领域研究报告》。

② 国家自然科学基金委员会管理科学部，《管理科学与工程学科“十二五”发展战略与优先资助领域研究报告》。

③ 国家自然科学基金委员会管理科学部，《工商管理学科“十二五”发展战略与优先资助领域研究报告》。

④ 国家自然科学基金委员会管理科学部，《宏观管理与政策学科“十二五”发展战略与优先资助领域研究报告》。

优势领域同时也带动了一批具有国际竞争力的研究团队。例如，北京航空航天大学黄海军教授及其团队、北京交通大学高自友教授及其团队在国际高水平的期刊上发表了一些颇具影响力的科研论文。国家自然科学基金重点资助的黄季焜团队，已成为国际上最有影响的中国农业问题研究团队。他和合作者正在建立和完善“中国农业可持续发展决策支持系统”，并取得了不少原创性成果，部分成果发表在 *Science*、*Nature*、*American Journal of Agricultural Economics* 等国际一流期刊上，相关政策建议得到中央领导的关注和重视。中国科学院数学与系统科学研究院汪寿阳教授及其研究团队，每年提交政府部门的研究报告约有 80 篇。他们采用先进预测理论与技术，对中国粮食产量、汇率变动及国际大宗商品价格的预警预测，不仅在支持国家相关决策方面起到了重要作用，还引起了国际学术界的广泛关注。

需要特别指出的是，工商管理学科中的某些领域（如市场营销、会计与审计、运作管理、项目管理和服务管理）发展相当迅速，在国际期刊（如 *Production and Operations Management*、*Operations Research Letters*、*International Journal of Production Research*、*International Journal of Technology Management*、*Journal of Marketing Research*、*Journal of Consumer Research*、*Advances in Consumer Research* 等国际一流期刊）上出现了越来越多的中国学者的学术成果 。

二、管理科学的薄弱领域

我国管理科学整体水平落后于像美国、德国这样的科研大国。虽然一些领域在“十一五”期间取得了长足的发展，但是相对发达国家，某些领域的发展水平仍然较低。这些领域包括属于管理科学与工程学科的复杂性学科、基于行为的管理理论、风险管理等领域；属于工商管理学科的企业理论、人力资源与组织行为、创新管理等领域；属于宏观管理与政策学科的公共管理与政策、教育管理与政策、劳动就业与社会保障等领域。

在一些新兴领域，如服务管理、创业管理、非营利组织管理等领域，我们虽然与学术强国面临同样的发展机会，但是由于人才储备、研究投入以及研究经验等方面的差距，仍然处于落后地位。如果在这些领域不加大投入并鼓励更多学者参与新兴学科的研究，将使我们丧失追赶机会。

值得关注的是，在一些传统领域和具有中国情境的研究领域，中国学者的研究仍然远远落后于国际先进水平。例如，在传统的工业工程领域，中国学者与国际水平存在很大差距。但公认的事实是：工业工程在一个国家（或地区）的工业化过程中具有举足轻重的作用。例如，中国台湾的经济腾飞，就技术层面来看，正是在全岛推行的工业工程为其奠定了坚实的工业基础；在 20 世纪的现代化进程中，工业工程师一度成为美国第一大职业；日本的经济腾飞与其不懈推动工业工程有着紧密的关系。而在中国，至少目前工业工程似乎在主流从业人员的视野中消失，这与中国的经济发展水平不相匹配。中国改革开放后的工业工程教育始于 20 世纪 90 年代，可以说刚刚起步，应该能够获得蓬勃发展，而事实却相反。这个现象应该引起学者们的注意。在转轨经济条件下的企业战略、公司治理等领域的研究，中国学者虽然有着独特的研究优势，但是这些领域的重要贡献却仍然来自于其他国家或地区的学者。

三、管理科学的学科交叉

我国管理科学的发展越来越体现出学科交叉的特点。在“十一五”期间，信息技术与管理同信息学科、工程与材料学科、生命学科的交叉项目是国家自然科学基金委员会管理科学部与其他学部交叉研究项目中最多的。例如，国家自然科学基金重大项目“新兴电子商务重大基础问题与关键技术研究”获准立项。这是由国家自然科学基金委员会管理科学部、信息科学部、数理科学部联合提出的多学科交叉的重大研究项目，旨在围绕移动性、虚拟性、个性化、极端数据、社会性等新特征，探索新兴电子商务参与者行为规律、微观市场机制与商务模式、商务智能与知识管理、社会实验计算等一系列重大科学问题和关键技术。

再如2009年启动的“非常规突发事件应急管理研究”重大研究计划，充分发挥管理科学、信息科学、心理学等多学科交叉的优势，研究非常规突发事件的信息处理与演化规律建模、非常规突发事件的应急决策理论、紧急状态下个体和群体的心理反应与行为规律等。其主要目标在于：在非常规突发事件的特殊约束条件下，通过对相关多学科的观测、实验和理论创新与综合集成，形成对非常规突发事件应急管理的核心环节——监测预警与应对决策——的客观规律的深刻科学认识，并提供科学方法；构建“情景-应对”型非常规突发事件应急管理的理论体系，增强应急管理科技的自主创新能力；提高国家应急管理体系（包括应急平台/预案体系）的科学性，为国家科学、高效、有序应对非常规突发事件提供决策参考；构建应急管理交叉学科，培养应急管理创新型人才，使其在国际应急管理科学领域居于重要地位。

另外，2010年，作为管理科学与信息科学交叉项目的“网络环境下的服务运作管理”重大项目获准立项，该项目旨在解决这一前沿领域中的若干关键科学和技术问题，从而促进相关学科领域的发展，建设一支高水平的研究队伍，提升我国服务运作管理乃至管理科学的研究水平。该项目计划以智能电网、医疗服务和快递服务等相关典型网络化服务为实践案例，以提升我国在全球服务业中的竞争力为实践导向目标，通过研究网络环境下服务系统参与者的行为和交互规律及服务模式创新规律，提出新型服务设计理论，发展服务产品定价的理论和方法，进而完善网络环境下服务系统运营优化与协调、资源动态配置的理论和技术，提升网络环境下服务系统的绩效评价与质量管理技术。

管理科学中的资源环境与可持续发展管理，也是一个多学科交叉的研究领域。伴随当前国际上对可持续发展、节能减排、新能源与环境政策等方面研究力度的不断加大，国内学术界围绕污染治理、生态管理、资源权（水权、林权）交易、城市交通、可持续发展等开展了很多探索性研究，各类创新型研究课题和成果不断涌现。

第三节　管理科学经费投入与平台建设

经过多年的完善和发展，我国已经建立了以国家自然科学基金、国家社会科学基金、国家软科学研究计划等为代表的国家级资助体系，形成了不同资助重点、不同资助强度、多个资助系列、分支领域齐全的管理科学整体资助格局，国家对管理科学资助力度逐年加大，有力地扶持了管理科学的研究和发展，并成为其进一步发展的重要支撑和保障。除了国家级的资助外，各省、区、市、部委也开始在涉及地方政府宏观管理职能的领域进行了有选择、有重点的资助。这些资助成为国家级资助体系的重要补充，为学科全面、快速发展起到了重要的推动作用。

一、整体经费投入结构

我国管理科学的资助经费主要来源于国家自然科学基金，国家社会科学基金，国务院各部委（包括国家发改委、教育部、科技部等）的基金与专项经费，地方政府、企事业单位的基金与研究经费，以及国际组织与国外科学基金的资助与合作经费。国家自然科学基金主要是资助基础研究，在我国管理科学研究资助体系中起着主渠道的作用。其他渠道的经费主要资助应用研究、政策与对策研究。国际组织与国外科学基金的资助所占比重仍然很小。国家社会科学基金自 2010 年开始专门设置管理学研究项目，之前在政治学、应用经济学等学科门类下资助了一定数量的、与管理有关的（特别是工商管理）研究项目。国家软科学研究计划中，除软科学理论与方法研究属于基础研究之外，其余都属于宏观与公共政策研究范畴。教育部的资助重点也是社会科学项目；国家各部委和各级地方政府机构则主要资助政策研究；国际资助与合作资助的经费也有限；而企业界所资助的则主要是工商管理研究。

为了深入了解经费投入结构，本书以宏观管理与政策学科为例，对全国公共管理学院（管理学院）院长、学科领域专家及政策研究机构专家进行了问卷调查。① 调查数据显示：目前宏观管理与政策学科专家或学术带头人所在机构的科研经费来源有以下五个特点。一是所在机构的经费主要来自于国家各类研究基金或计划，以及地方政府委托课题（表 3-1）；二是高知名度学科领域专家所在机构参与中央政府课题比重较大；三是高知名度学科领域专家所在机构参与国际合作研究的机会较多；四是高等院校，特别是 MPA（公共管理硕士）办学院校，非常注重国家各类基金申请，同时通过教育事业经费也获得了部分科研资助；五是政策研究机构主要依靠经常性财政拨款来维持科研运行和机构发展。

表 3-1　宏观管理与政策学科专家所在机构的科研经费来源结构

比重排名	经费来源	所占比重/%
1	国家各类研究计划	23.57
2	地方政府课题	22.28
3	中央各部委委托课题	18.66
4	经常性财政拨款	16.21
5	企业委托课题	14.00
6	国际合作课题	11.04
7	其他	4.81

注：表中的样本量为该领域 41 位专家，其中公共管理学院（管理学院）院长 29 位，政策研究机构专家 12 位；同一机构的科研经费有多种来源，故所占比重之和大于 1，特此说明。

二、国家自然科学基金的资助结构②

国家自然科学基金坚持支持基础研究，逐渐形成和发展了由研究项目、人才项目和环境条件建设项目三大系列组成的资助格局。建立了面上项目、重点项目、重大项目、重大研究计划、联合研究基金、实质性国际合作研究等多层次相互配合衔接的资助项目系

① 虽然管理科学与工程、工商管理两个学科的经费来源可能与宏观管理与政策学科有所不同，但我们认为该调查仍有一定程度的代表性。

② 国家自然科学基金委员会网站 . http：//www. nsfc. gov. cn。

列；通过实施科技人才战略，架构了以国家基础科学人才培养基金、青年科学基金、地区科学基金、国家杰出青年科学基金、创新研究群体科学基金等为主较为完整的人才培养资助体系；完善了科学仪器基础研究、国际合作交流项目、科普项目等专项构成的环境条件项目体系。由图 3-9 可以看出国家自然科学基金两大主要体系资助格局（陈晓田，2009）。

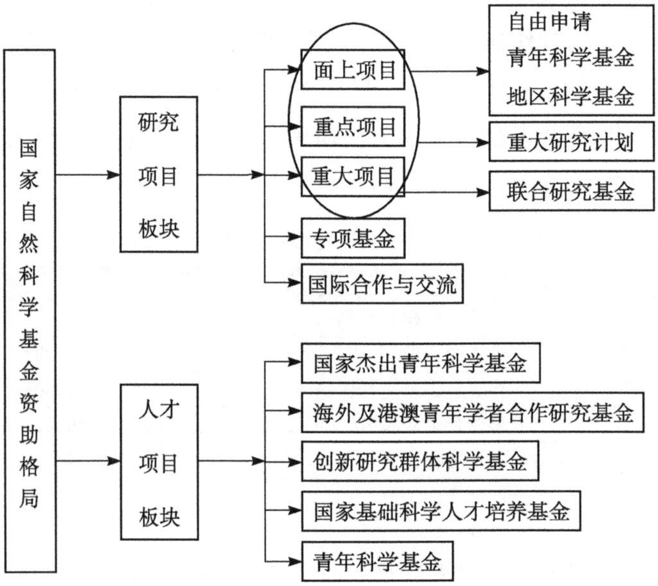

图 3-9　国家自然科学基金两大主要系列资助格局

（一）面上项目

面上项目是国家自然科学基金资助体系中的主要部分，包括自由申请、青年科学基金和地区科学基金三个亚类，主要支持科研工作者在国家自然科学基金资助范围内自由选题，开展创新性的科学研究，资助期限一般为三年。如图 3-10 所示，在统计期内，面上项目总体资助项数显著增加，由 2004 年的 353 项达到 2008 年的 603 项，自由申请、青年科学基金和地区科学基金项目的获资助项数都出现了大幅增长。

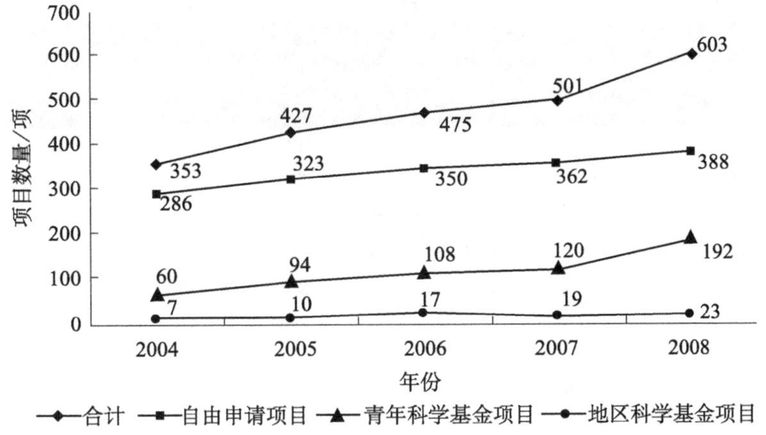

图 3-10　2004～2008 年国家自然科学基金面上项目资助项数

统计期内，面上项目的总资助额度大幅增长，表明国家对自然科学基金项目的资助力度逐年加大。面上项目的总资助额度由 2004 年的 4855 万元上升至 2008 年的 12 861.1 万元，自由申请、青年科学基金和地区科学基金项目的资助额度都出现不同程度的增长（图 3-11）。

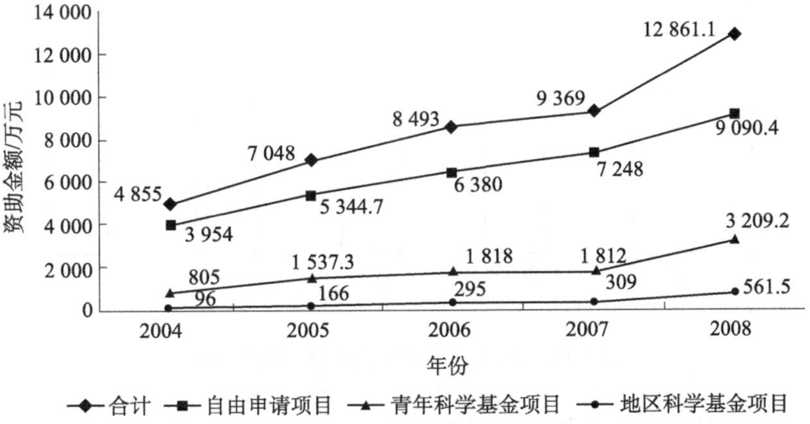

图 3-11　2004～2008 年国家自然科学基金面上项目资助额度

表 3-2 显示了统计期间内面上项目在高等院校与科研单位的分布情况。总体来看，国家自然科学基金资助的面上项目主要集中于高等院校，占全部资助项目的绝大部分。

表 3-2　2004～2008 年面上项目在高等院校与科研单位的分布情况

年份	合计		高等院校		科研单位		其他	
	数量/项	金额/万元	数量/项	金额/万元	数量/项	金额/万元	数量/项	金额/万元
2004	353	4 855.0	335	4 595.5	17	245.5	1	14
2005	427	7 048.0	401	6 611.9	25	418.1	1	18
2006	475	8 493.0	457	8 178.5	15	261.5	3	53
2007	501	9 369.0	483	9 067.5	16	264.5	2	37
2008	603	12 861.1	574	12 261.3	28	574.8	1	25

（二）重点项目

重点项目是国家自然科学基金资助体系中的另一个重要层次，主要支持科研工作者结合国家需求，把握世界科学前沿，针对中国已有较好基础和积累的重要研究领域或新型学科生长点开展深入、系统的创新性研究工作，研究期限一般为四年。下面分析管理科学 2004～2008 年的资助情况（图 3-12 和图 3-13）。

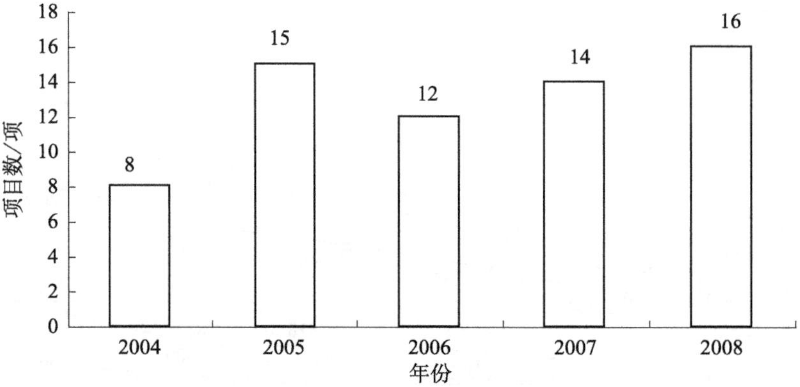

图 3-12　2004～2008 年重点项目批准数量

统计期内，重点项目的批准项数与资助金额均呈稳定发展态势，批准项数由 2004 年的 8 项发展到 2008 年的 16 项，资助额度也从 2004 年的 900 万元增加至 2008 年的 1730 万元。

表 3-3 显示了统计期内重点项目在高等院校与科研单位的分布情况。

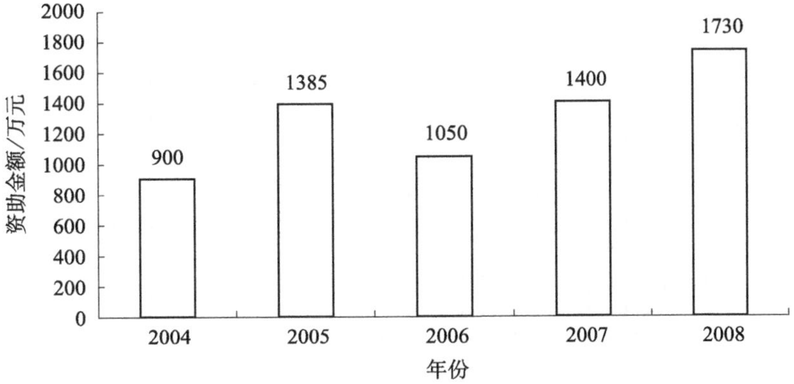

图 3-13　2004～2008 年重点项目资助额度

表 3-3　2004～2008 年重点项目在高等院校与科研单位的分布情况

年份	合计		高等院校		科研单位	
	数量/项	金额/万元	数量/项	金额/万元	数量/项	金额/万元
2004	8	900	6	660	2	240
2005	15	1385	15	1385	0	0
2006	12	1050	11	960	1	90
2007	14	1400	10	1000	4	400
2008	16	1730	14	1515	2	215

（三）人才项目——国家杰出青年科学基金与海外及港澳青年学者合作研究基金

人才项目是自然科学基金资助格局中的另一重要部分，主要由国家杰出青年科学基金、海外及港澳青年学者合作研究基金、创新研究群体科学基金、国家基础科学人才培养基金和青年科学基金组成。

我们主要选取国家杰出青年科学基金与海外及港澳青年学者合作研究基金进行分析。从图 3-14 和图 3-15 可以看出，2004～2008 年两类项目无论是从资助项数还是资助额度都体现平衡态势。其中，国家杰出青年科学基金的资助额度大幅提升，由 2004 年的 350 万元增至 2008 年的 980 万元。

国家杰出青年科学基金、海外及港澳青年学者合作研究基金在高等院校与科研单位的分配情况如表 3-4 所示。

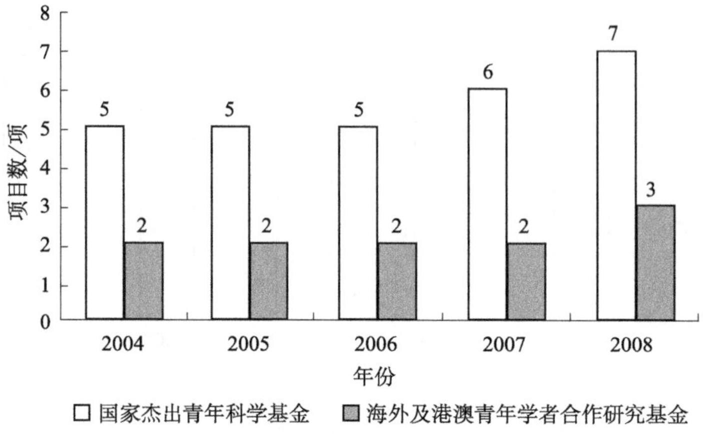

图 3-14　2004～2008 年国家杰出青年科学基金与海外及港澳青年学者合作研究基金项目资助项数

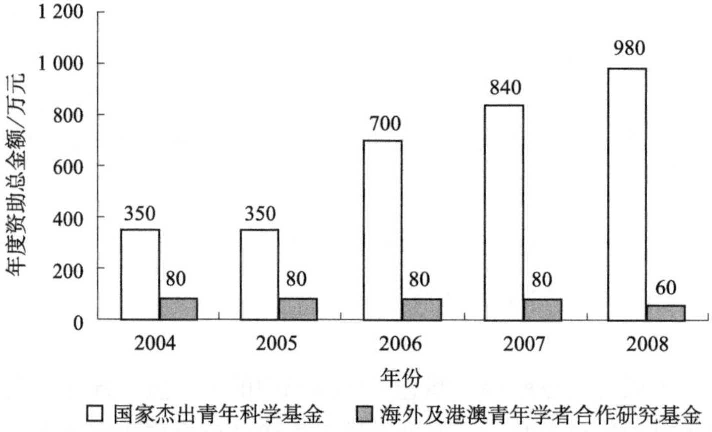

图 3-15　2004～2008 年国家杰出青年科学基金与海外及港澳青年学者合作研究基金项目资助额度

表 3-4　2004～2008 年国家杰出青年科学基金与海外及港澳青年学者合作研究基金项目在高等院校与科研单位的分布情况

类型	年份	合计		高等院校		科研单位	
		数量/项	金额/万元	数量/项	金额/万元	数量/项	金额/万元
国家杰出青年科学基金	2004	5	350	3	210	2	140
	2005	5	350	4	280	1	70
	2006	5	700	4	560	1	140
	2007	6	840	6	840	0	0
	2008	7	980	5	700	2	280

续表

类型	年份	合计		高等院校		科研单位	
		数量/项	金额/万元	数量/项	金额/万元	数量/项	金额/万元
海外及港澳青年学者合作研究基金	2004	2	80	1	40	1	40
	2005	2	80	1	40	1	40
	2006	2	80	2	80	0	0
	2007	2	80	2	80	0	0
	2008	3	60	3	60	0	0

三、国家社会科学基金①

（一）2004～2008年国家社会科学基金总体资助项目分析

表3-5给出了2004～2008年国家社会科学基金资助情况。2004～2008年，国家社会科学基金资助项目中对重大项目的资助为零，重点项目呈现下降的趋势。一般项目呈现较快的发展，青年项目也呈现该特点，这有利于两种项目的发展，表明国家开始逐渐重视具有普遍意义的项目发展，也把人才培养提升到重要的位置。西部项目的立项数目的快速上升表明国家支持西部研究的力度逐年加大。

表3-5　2004～2008年国家社会科学基金资助项目类别统计

类别	2004年/项	2005年/项	2006年/项	2007年/项	2008年/项	合计/项	比重/%
重大项目	0	0	0	0	0	0	0.00
重点项目	77	61	51	56	48	293	3.65
一般项目	776	860	936	992	1059	4623	57.54
青年项目	226	272	327	439	482	1746	21.73
西部项目	198	244	271	264	302	1279	15.92
后期资助项目	5	13	19	30	27	94	1.17
合计	1282	1450	1604	1781	1918	8035	100.00

① 全国哲学社会科学规划办公室．http：//www. npopss-cn. gov. cn。

（二）2004～2008年国家社会科学基金经济学立项的大类分析[①]

由于在2010年之前国家社会科学基金未设置专门的管理学门类，而在政治学、经济学等学科门类下资助与管理相关的研究，在此我们对经济学的资助情况进行分析。由于经济学立项主要包含应用经济学和经济理论两类，为了进一步分析经济学立项数目变动的主要影响因素，我们将经济学立项分为两大类进行分析，如表3-6和表3-7所示。

表3-6　2004～2008年经济理论立项数目分析

年份	重点项目		一般项目		青年项目		经济理论立项合计/项	年均国家经济学立项数/项	经济理论占比/%
	数量/项	比重/%	数量/项	比重/%	数量/项	比重/%			
2004	7	7.29	67	69.79	22	22.92	96	219	43.84
2005	4	3.81	74	70.48	27	25.71	105	251	41.83
2006	5	4.76	74	70.48	26	24.76	105	269	39.03
2007	5	5.26	57	60.00	33	34.74	95	338	28.11
2008	6	6.32	58	61.05	31	32.63	95	329	28.88
合计	27	5.44	330	66.53	139	28.02	496	1406	35.28

表3-7　2004～2008年应用经济学立项数目分析

年份	重点项目		一般项目		青年项目		应用经济学立项合计/项	年均国家经济学立项数/项	应用经济学占比/%
	数量/项	比重/%	数量/项	比重/%	数量/项	比重/%			
2004	8	6.5	91	73.98	24	19.51	123	219	56.16
2005	6	4.11	108	73.97	32	21.92	146	251	58.17
2006	9	5.49	115	70.12	40	24.39	164	269	60.97
2007	9	3.72	169	69.42	65	26.86	243	338	71.89
2008	8	3.42	159	67.95	67	28.63	234	329	71.12
合计	40	4.40	642	70.55	228	25.05	910	1406	64.72

将表3-6、表3-7两表对比可以发现，经济学方面的立项主要为应用经济学项目，其在经济学立项数目中所占比重超过50%，

① 本部分的国家社会科学基金项目仅包括了重点项目、一般项目和青年项目；另因自2010年度管理学才单独分类，所以未在表中单独标出来。

甚至从 2007 年开始超过 70%，可见国家对应用经济学的重视程度很高。而经济理论的立项总数没有较大变化，其在经济学立项数目中的比重较低。另外，管理经济学、会计学等工商管理学科资助项目也呈现出上升趋势，这表明国家社会科学基金对工商管理学科的资助力度逐步加大（张俊瑞，2008）。

四、教育部人文社会科学基金①

教育部近年来用于人文社会科学研究的投入逐年加大，目前已形成由人文社会科学基金一般项目、人文社会科学重点研究基地重大项目、哲学社会科学研究重大课题攻关项目和哲学社会科学研究后期资助项目构成的多层次多类别人文社会科学基金项目资助体系。其中，人文社会科学基金一般项目包括教育部人文社会科学研究规划基金项目、博士点基金项目、青年基金项目、专项任务项目，由高校教师根据自身的学术兴趣和研究方向，自设课题，自由申报，以有效促进教学科研相结合及高校文科教师科研能力的提升。

2005 年人文社会科学基金一般项目立项 773 项，2006 年 883 项，2007 年 1076 项。2008 年教育部共受理全国 620 余所高校的人文社会科学基金一般项目申报材料 12 677 项，申报单位和申报项目的数量分别比 2007 年增长了 11%和 23%。人文社会科学基金一般项目立项数延续了近年来高速增长的态势，2008 年共有 1289 项课题获得人文社会科学基金一般项目立项资助，比 2007 年增长了 20%；2008 年人文社会科学基金一般项目立项经费总额达 7700 多万元，超过“十五”期间一般项目经费总量的 76%，分别是“八五”、“九五”期间一般项目经费总量的 6 倍多和 3 倍多。其中，规划基金项目资助经费从 5 万元增加到 7 万元，青年基金项目从 3 万元增加到 5 万元，立项数和资助经费均创新高。

人文社会科学重点研究基地重大项目指为普通高等学校人文社

① 中国高校人文社会科学信息网．http：//www. sinoss. net。

会科学重点研究基地设立的、围绕基地学术发展方向进行研究的重大项目。选题由重点研究基地根据基地中长期规划确定，并经基地学术委员会审议通过后，报教育部统一组织招标。2004 年人文社会科学重点研究基地重大项目 188 项，2005 年 225 项，2006 年 259 项，2007 年 265 项，2008 年教育部人文社会科学重点研究基地重大项目 254 项、省部共建人文社会科学重点研究基地项目 11 项。其资助的数量呈逐年上升的趋势，2004～2008 年，其资助数量的增幅接近 50%。

哲学社会科学研究重大课题攻关项目指以课题组为依托，以国家经济建设与社会发展过程中具有前瞻性、战略性、全局性的重大理论和实际问题，以及人文社会科学基础学科领域重大问题为研究内容的项目。选题由教育部向全国高等学校、科研院所及实际应用部门征集，面向全国高等学校招标。2004 年哲学社会科学研究重大课题攻关项目立项 39 项，2005 年 43 项，2006 年 40 项，2007 年 39 项，2008 年 37 项。2004～2008 年，其资助数量基本保持平稳，在 40 项上下浮动。

哲学社会科学研究后期资助项目分为重大项目、重点项目、一般项目三类。后期资助项目对于已经完成科研任务 70%以上的项目予以资助，其范围包括：①对学术发展具有重要推动作用的基础性研究；②具有原创性的理论研究；③具有重要学术价值和社会影响的文献研究、译著和工具书，不含论文及论文集、教材、研究报告、软件等；④具有重要学术价值的以非纸质方式呈现的研究成果。自 2006 年以来每年的后期资助项目在 50 项左右。

五、三种主要基金资助结构的比较分析

由于我国管理科学的资助经费主要来源于国家自然科学基金、国家社会科学基金、教育部人文社会科学基金等，本书将三种主要基金的资助结构汇总如表 3-8 所示。总体来看，三种基金在资助力度上逐年都在增加，这说明随着国家综合实力的提升以及对于管理

科学研究的重视，在研究投入方面的力度越来越大，这势必会大力促进管理科学的发展。

表 3-8　2004～2008 年三种主要基金资助项数比较　（单位：项）

基金类别	项目	2004 年	2005 年	2006 年	2007 年	2008 年
国家自然科学基金	面上项目总资助项数	7 711	9 111	10 271	11 608	14 355
	管理科学部项数	353	427	475	501	603
	其中：管理科学与管理工程	108	119	139	155	200
	工商管理	109	146	167	170	195
	宏观管理与政策	136	162	169	176	208
国家社会科学基金	总资助项数	1 282	1 450	1 604	1 781	1 918
	经济学项目	219	251	269	338	329
	其中：应用经济学	123	146	164	243	234
	经济理论	96	105	105	95	95
教育部人文社会科学基金	资助项目数（含一般项目、重大课题公关项目、重大项目、后期资助项目等）	—	1 039	1 243	1 434	1 644

注：为保持 2004～2008 年的统计数据口径统一，这里国家自然科学基金面上项目包括自由申请、青年科学基金和地区科学基金项目。

第四节　管理科学人才队伍情况

过去 30 多年间，我国管理科学教育体系逐渐完善、科研队伍逐渐壮大，在优秀人才培养以及研究基地建设等方面都取得了比较显著的成绩，形成了良好的学术梯队。重点大学的管理学院和一些有影响力的科研院所是我国管理科学主要研究力量。它们有一批以院士为核心的老中青科学家队伍；在某些研究领域出现了已在国际上取得一定影响力的优秀研究群体；有一批以国家杰出青年科学基金获得者为学术带头人的骨干研究力量；已建成一批有影响力的重点实验室与研究中心。这些都表明我国管理科学已具有了一支较为成熟的研究队伍，为管理科学的持续发展提供了重要支撑。本节将通过教学队伍、科研力量与人才储备三个方面来综合分析我国管理科学人才队伍建设情况。

一、教学队伍[①]

表 3-9 列出了 2004～2009 年我国管理科学专任教师数的变化情况。在总数上，我国普通高校管理科学专任老师数以每年大约 10 000 人的速度增长，从 2004 年的 47 014 人上升到 2009 年的 92 816 人。

表 3-9　2004～2009 年管理科学专任教师数（普通高校）（单位：人）

职称	2004 年	2005 年	2006 年	2007 年	2008 年	2009 年
正高级	4 361	5 420	6 295	7 396	8 243	8 976
副高级	13 162	15 670	18 458	20 936	22 867	24 542
中级	15 995	19 004	23 491	27 659	30 684	34 493
初级	9 750	12 375	15 372	17 123	17 773	17 989
无职称	3 746	4 424	5 365	5 669	6 172	6 816
合计	47 014	56 893	68 981	78 783	85 739	92 816

表 3-9 和图 3-16 显示了各级别专任教师的数量及比重。图表显示无论是正高级教师还是无职称教师的绝对数都有所上升。例如，正高级教师数量由 2004 年的 4361 人上升至 2009 年的 8976 人。另外，我国管理科学专任教师格局呈现“两头小中间大”的正

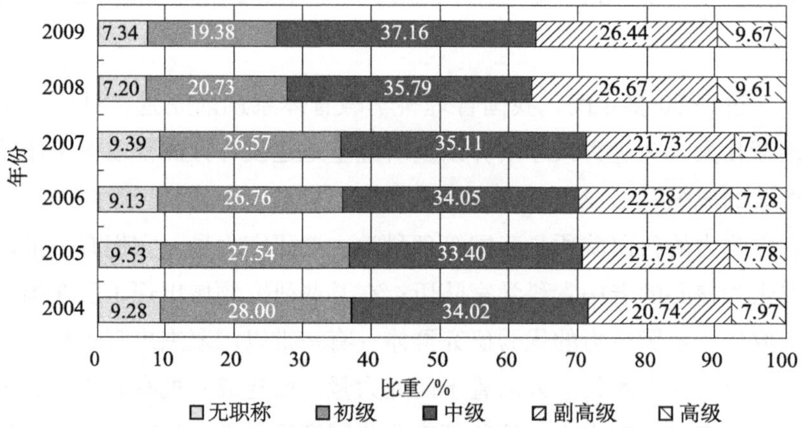

图 3-16　2004～2009 年管理科学专任教师比重

① 中华人民共和国教育部网站 . http：//www. moe. edu. cn。

态分布结构，正高级与无职称的人数偏少，副高级、中级和初级构成我国管理科学的主要师资力量。数量基数与增幅最大的是具有中级职称的教师，由 2004 年的 15 995 人发展到 2009 年的 34 493 人，而副高级与初级则分居第二、第三位，2009 年分别为 24 542 人与 17 989 人。

二、科研队伍

由于国家自然科学基金资助的管理科学研究项目代表国内最重要的基础研究，所以项目组负责人及项目组成员的构成就成为管理科学人才队伍建设的重要组成部分。因此，我们对 2004～2008 年管理科学受资助的面上项目的负责人及其团队进行了分析。结果显示，我国管理科学科研队伍呈现出人才队伍稳定、职称结构合理、整体队伍较为年轻的特点。

统计期各年内，教授占管理科学面上项目受资助项目负责人比重最大，均在 200 人以上，副教授与讲师分别位列第二、第三位。项目组以中高级人员，以及硕士、博士研究生为主要成员，且历年保持稳定态势（图 3-17 和图 3-18）。

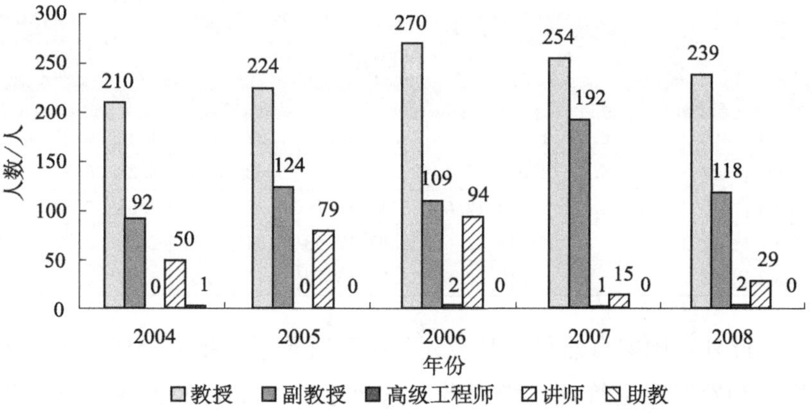

图 3-17　2004～2008 年管理科学面上项目负责人专业技术职务统计

通过对统计期内管理科学面上项目负责人的年龄分析可知，主要人员集中在 31～55 岁，而其中又以 31～45 岁占大多数。其比例

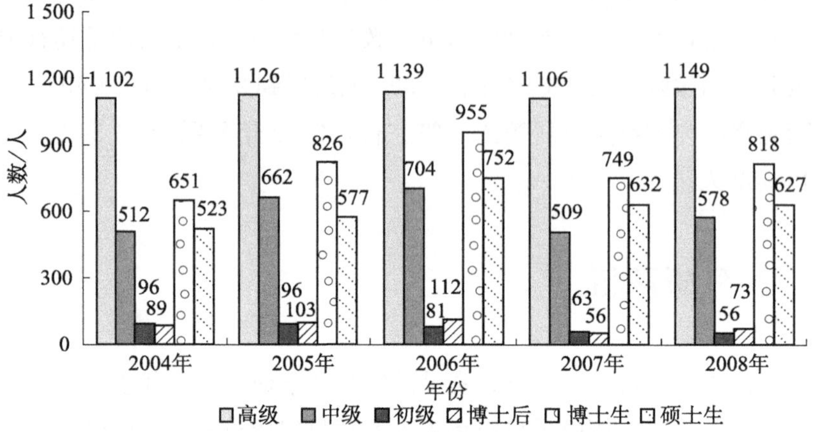

图 3-18 2004～2008 年管理科学面上项目资助项目组成员分布

如图 3-19 和表 3-10 所示，约 40％的负责人集中在 36～45 岁。2006～2008 年，国家自然科学基金委员会管理科学部资助的面上项目负责人中，年龄在 31～40 岁的占 40％左右，41～50 岁占 40％左右，与 2000～2004 年的分布有了较大变化，年轻化的趋势越来越明显，这说明越来越多的青年优秀人才进入了管理科学的研究队伍。

表 3-10 2004～2008 年管理科学面上项目负责人年龄统计

年份	合计/人	各年龄段所占比重/%										
		≤25岁	26～30岁	31～35岁	36～40岁	41～45岁	46～50岁	51～55岁	56～60岁	61～65岁	66～70岁	≥71岁
2004	353		6.52	14.45	23.23	26.91	14.73	7.37	4.82	1.42	0.28	0.28
2005	427		4.45	21.55	23.42	25.06	10.54	5.62	5.85	3.28	0.23	
2006	475		6.53	21.68	17.05	25.47	11.79	10.32	4.63	1.68	0.84	
2007	362			4.42	22.65	38.67	17.68	8.84	4.14	2.49	0.83	0.28
2008	388			6.19	27.58	33.25	15.72	12.11	3.09	1.55	0.52	

此外，国家自然科学基金还吸引和凝聚了一批海外优秀人才为提高和发展我国管理科学服务，这也是一个重要的人才策略。例如，海外及港澳青年学者合作研究基金资助了多名海外学者与国内学者开展合作研究，在他们的所在国和中国分别建立合作研究基地。这些措施赢得了海内外学者的广泛欢迎和好评。

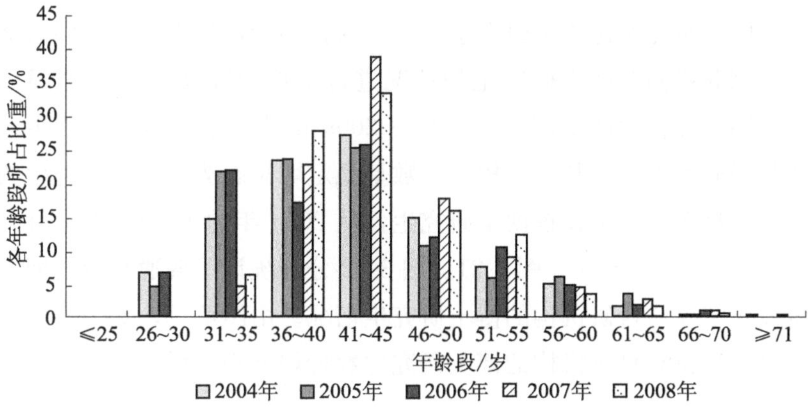

图 3-19　2004～2008 年管理科学面上项目负责人年龄统计

三、后备人才队伍①

除了专任教师这些中坚力量外，我们还可以从各高校及科研机构正在培养的研究生数量预测我国管理科学的人才潜力。我国 2004～2008 年管理科学研究生无论是招生人数、在校生人数还是毕业生人数均呈递增态势（表 3-11），尽管在 2009 年有所下降，但总体上反映了我国管理科学拥有雄厚的人才基础。

表 3-11　管理科学研究生情况　　　（单位：人）

年份	项目	招生人数	博士研究生人数	硕士研究生人数	在校生人数	博士研究生人数	硕士研究生人数	毕业生人数	博士研究生人数	硕士研究生人数
2004	普通高校	35 379	4 326	31 053	87 845	14 294	73 551	17 457	1 499	15 958
	科研机构	518	127	391	1 005	303	702	139	46	93
	总计	35 897	4 453	31 444	88 850	14 597	74 253	17 596	1 545	16 051
2005	普通高校	40 961	4 453	36 508	106 762	17 061	89 701	20 663	1 873	18 790
	科研机构	545	136	409	1 349	377	972	185	51	134
	总计	41 506	4 589	36 917	108 111	17 438	90 673	20 848	1 924	18 924
2006	普通高校	45 113	4 429	40 684	122 976	18 557	104 419	27 846	2 572	25 274
	科研机构	549	138	411	1 526	428	1 098	333	90	243
	总计	45 662	4 567	41 095	124 502	189 85	105 517	28 179	2 662	25 517
2007	普通高校	47 205	44 74	42 731	133 458	195 63	113 895	34 778	3 016	31 762
	科研机构	530	128	402	1 570	451	1 119	386	81	305
	总计	47 735	4 602	43 133	135 028	20 014	115 014	35 164	3 097	32 067
2008	普通高校	52 310	4 683	47 627	144 967	20 759	124 208	39 114	3 207	35 907
	科研机构	554	145	409	1 551	488	1 063	405	113	292
	总计	52 864	4 828	48 036	146 518	21 247	125 271	39 519	3 320	36 199
2009	普通高校	38 067	4 614	33 453	113 278	21 485	91 793	31 110	3 645	27 465
	科研机构	634	176	458	1 716	543	1 173	526	125	401
	总计	38 701	4 790	33 911	114 994	22 028	92 966	31 636	3 770	27 866

① 中华人民共和国教育部网站．http：//www. moe. edu. cn。

博士研究生比硕士研究生更能反映我国管理科学的科研储备能力，因此我们对博士研究生的情况进行了单独统计。图 3-20 显示了我国管理科学博士研究生 2004～2009 年的招生人数、在校生人数与毕业生人数。其中，招生人数呈稳定增长态势。博士研究生的构成，最大部分是在校博士研究生，从 2004 年的 14 597 人上升到 2009 年的 22 028 人。图 3-21、图 3-22 分别统计了普通高校的博士研究生情况与科研机构的博士研究生情况。由图可见，2004～2009 年普通高校和科研机构的博士研究生数量均呈稳定增长态势。

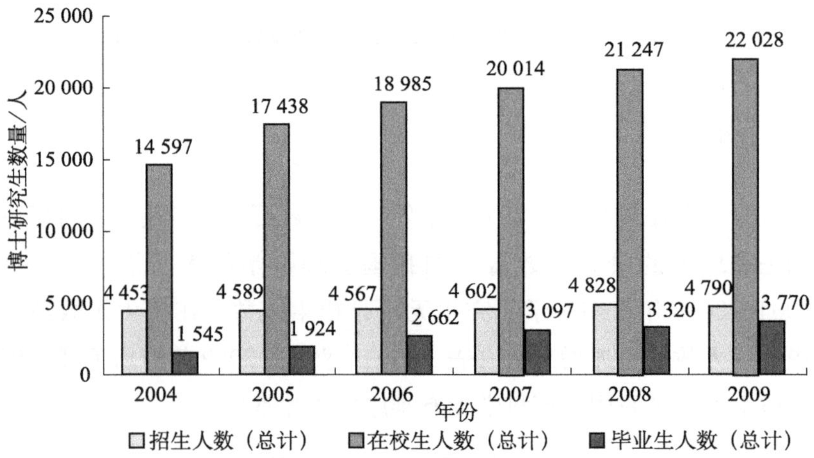

图 3-20　2004～2009 年全国管理科学博士研究生数量

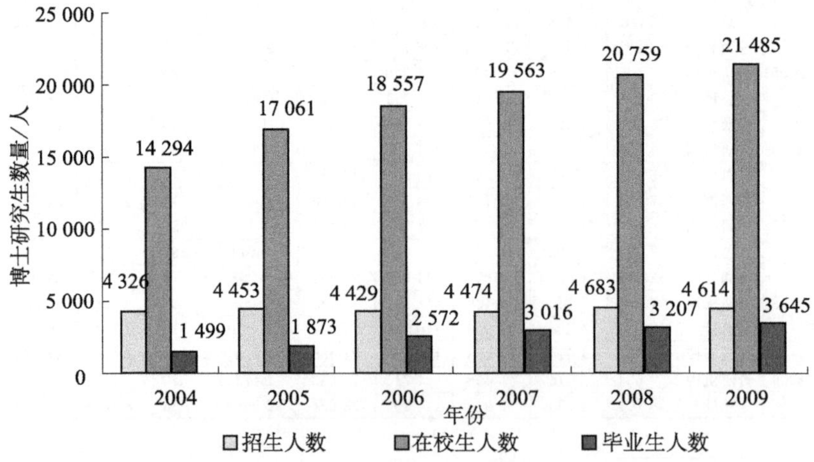

图 3-21　2004～2009 年普通高校管理科学博士研究生数量

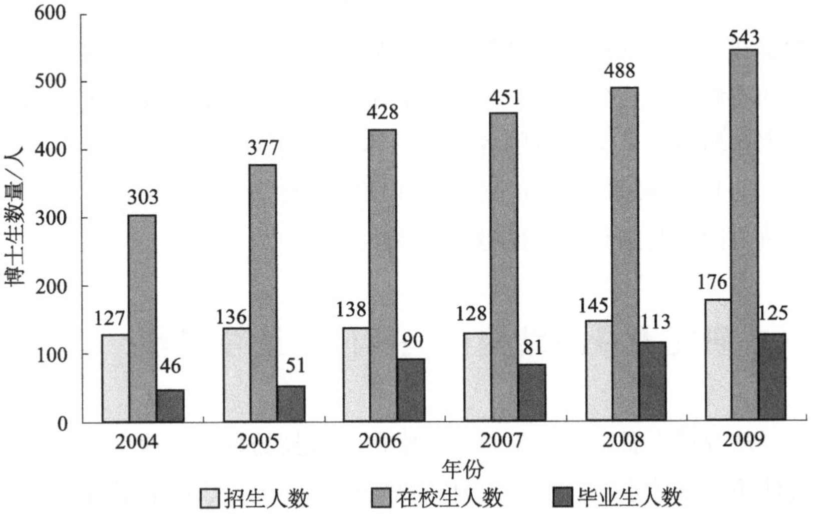

图 3-22　2004～2009 年科研机构管理科学博士研究生数量

第五节　管理科学存在的问题与制约因素

近 30 年来（特别是在“十一五”期间），我国管理科学取得了长足的发展，伴随着大量高水平或具有原创性的成果的不断出现，我国管理科学已在引进、消化、吸收和应用的基础上具备了较强的研究能力和一定的创新能力，研究方法日益规范，在某些研究领域已接近国际先进水平，整个学科开始走向成熟，步入了需要结合中国实践建立理论体系、完善与创新发展的阶段（赵纯均，2008；苏勇，2009）。目前，我国管理科学正处于战略转型的关键发展时期。过去在国际顶级刊物上很难看到我国管理学者的研究成果，现在这种情况有所改变，我国少数的学科研究成果在国际上已经产生了一定的影响，发表在国际期刊上的论文的质量和数量开始出现良好增长势头，与国外研究的差距正在逐步缩小。与相关的学科相比，管理科学的发展速度越来越快，研究的问题和范式显现出一定特色并逐步被国际学术界认同。中国社会经济发展对管理科学产生的巨大需求是其发展的强大推动力。这些成果的取得，得益于企业和政府的实践需求和支持，也与管理学术界、管理教育界和管理实践者自身的不懈的努力分不开，当然也离不开国家提供的各类基金（如以国家自然科学基金为主的各种资助体系）的资助。

但是，在取得成就的同时，我国管理科学在发展中存在着的一些重要问题与制约因素也亟待解决和突破。

一、研究力量的结构性失衡问题逐步呈现

从数量上看，近年来管理科学研究人员的数量快速增加，且研究队伍的整体水平有显著提升，高等院校、企业、政府和社会各界都认识到管理科学的研究和发展具有重要的现实意义和应用价值。但是，随着研究力量的不断加强，结构性问题却逐步成为制约管理科学进一步发展的主要制约因素之一。目前，我国还没有形成一支结构合理、规模适中、素质优良的管理科学研究队伍。这表现在两个层面，一是高等院校、咨询机构与企业三种研究力量的不均衡；二是研究队伍中，高水平人才队伍、大师级的高端创新型人才和领军人物数量不足。

相对于国外已经形成的高等院校、咨询机构与企业三种研究力量之间相互分工与支撑的局面，我国管理研究活动过分依赖于高等院校与国家科研院所，使得研究体系内部在研究的层次上缺乏必要的分工，导致本应从事管理科学基础研究的人员需要花费相当多的精力和时间于应用性甚至咨询性管理研究，最终导致效率低下。同时，这种现象也使得学术评价体系混淆，挫伤了研究人员的积极性。

管理科学的发展离不开高素质的研究团队。近些年来，学科在研究人才和创新型团队的培养方面取得了较大的进展。但总体来讲，国内管理科学缺乏高层次人才，特别是在国际上有较高知名度的、大师级的、高端创新型的人才以及前沿领域的领军人物数量较少，而为数不多的高端人才又集中在少数几所高校和科研机构，不少研究团队缺乏高端人才的引领。同时，从事管理科学研究的教师

和研究人员基本是“从高校到高校”，发展路径单一，缺乏足够的实践体验机会，这也是造成管理科学缺乏培养大师级人才环境、研究人员创新性和实践性不足的原因。此外，在人才的评价体制中过分关注某些刻板的指标，甚至部分高校教师的各项福利待遇、职称晋升全部与这些指标挂钩，都非常不利于人才梯队的形成，尤其是创新型高端人才的培养。

另外，不同分支学科的队伍发展也不平衡，某些分支学科的研究力量薄弱。改革开放后，中国管理科学逐步发展的过程造成处于不同发展阶段的各个子学科存在着发展不平衡的状况，管理科学与工程学科发展时间较长，已进入相对稳定的发展阶段；工商管理学科则已进入快速发展期；宏观管理与政策学科由于发展时间较短，同时面对大量对中国管理实践需求急迫的社会热点问题，处于需要大力发展的阶段。另外，在我国管理科学各个子学科内发展也存在着不均衡现象，一些领域（如管理科学与工程学科的运筹与管理、供应链与物流管理等）已经在国际上占有一定的地位，但各个子学科内还有很多领域的研究力量还很薄弱（如管理科学与工程学科的工业工程、风险管理等领域）。学科的发展不均衡是研究力量较弱的又一表现。

二、管理理论的研究与中国管理实践的结合还需要进一步加强

中国管理实践中遇到的独特的、具有中国特色的问题需要发展管理理论予以支撑；基于中国情景的管理实践所积累的成功经验则急需总结，完成具有本土意义和普适性学术价值的理论升华，并将这些管理理论应用到管理实践中加以指导。反观中国管理科学研究过去30年多来的历程，在上述两个方面我们还有很长的路要走，在重大管理问题研究中切实结合社会与企业变革的深度还远远不够。管理科学是实践性很强的学科，但这并不意味着管理理论与管理实践的结合能够自动实现。与其他职业项目一样，高等院校的商学院在进行知识生产的社会系统与从事实践的社会系统之间存在着

必然的鸿沟。

我国管理科学研究还滞后于中国管理实践的发展，在微观与宏观管理等方面对一些重要的管理实践问题缺乏及时的关注。例如，对很多企业和宏观管理中的重要问题（如食品质量安全、国际贸易中他国标准的变化规律、国有企业治理、家族企业的公司治理、富士康事件等），一些管理实践中的热点、重点问题（能源、气候变化、区域发展）等给予的关注不够，超前意识不足。另外，很多重大的问题（如人口的管理、技术引进、税收制度的改革等）都需要管理科学家认真研究其中的规律。因此，在及时关注现实问题、切实提出解决方案、扎实总结成功经验方面，中国的管理科学界依然存在着较大的发展空间（陈晓田，2009）。

管理科学的学术研究缺少足够的横向需求支撑，大多来自于强势的纵向导向，研究成果较难应用于实践；研究部门（特别是高等学校）与实践部门之间的联系较少，缺乏有效互动，从而致使企业界和管理实践者对学术界的信任与需求也不足。一些研究既没有抓住管理实践中的真实问题，又提不出令人信服的基础数据、理论分析，以及有针对性、有影响力的观点及解决方案，使得管理科学理论与研究结果不能满足管理实践提出的需求。

研究项目的社会参与范围较窄，仍有一些学者把自己关在象牙塔中，在“自己出题目，自己封闭作研究，自己欣赏自己”的圈子里转；对中国特色的管理问题关注不足，显然管理科学学者仅仅引用国际经验和文献是无法解决中国的管理问题的。在资源组织上，不同地域的研究单位、学术界与实业界的深度合作方面还比较薄弱；在成果导向上，单纯地偏重于学术论文发表，对于成果的政策和实践意义关注不够。这些都使得管理科学的社会承认度偏低、影响力偏小，与迅速发展的规模不匹配（国家自然科学基金委员会管理科学部，2006）。

这种“学术孤岛”和“束之高阁”的现象一方面会导致我们的研究很难产生基于中国重大现实问题和独特需求的、原创性的研究成果，难以实现理论成果上的超越，最终丧失学术地位与学术影响力；另一方面，脱离实际的研究将会导致社会其他组织对管理学界服务实践能力的质疑，使管理科学的社会承认度和社会影响力大大降低，从而逐步被边缘化。

三、研究基础设施建设亟待提高，数据和试验条件相对落后

基础设施是管理科学基础研究的基础，资料库、数据库、案例库等基础设施比较薄弱的现状已经成为制约中国管理科学原始创新的重要因素之一。管理科学是基于实践的学科，尽管实证研究方法已经得到普遍的认同，但缺乏稳定、可靠和长期的研究数据体系支持，导致调查往往无法深入。从数据平台角度看，一方面很多研究者缺乏资金购买国内外各种系统及其相应的数据库，或者有能力购买但数据及系统等很难满足真正的研究需求；另一方面，缺乏建立本土数据库的动力与机制，各研究实体数据收集、整理的重复性太多，这不仅浪费了大量的人力、物力和财力，而且数据的可靠性也受到削弱。这使得我们虽然身处一块丰富的研究土壤，但缺乏研究的必要基础。

案例研究是管理科学独特的研究方法，也是发现研究问题的有效途径，但从案例库建设上看，目前我们还缺乏全国共享的开放式研究类案例库。在实验设备和平台方面，目前涉及一系列电子商务、供应链管理、消费心理、行为金融等领域的研究，亟待通过试验设施和开放式平台来收集、整理和分析数据，然而目前这类相关专用实验室和平台还处在刚刚起步的萌芽阶段。因此，管理科学基础研究设施（如数据库、案例库、开放式实验及计算平台）建设的落后已经成为制约我国管理科学研究水平提升的瓶颈。

四、具有方向引领作用和重要国际影响力的原创性研究成果偏少

一个学科的发展需要经过科学家群体长期的努力工作，并以扎实的学术积累作为基础。尽管中国的改革开放、经济全球化和信息

化为中国管理科学的发展带来了前所未有的机遇，但作为一门独立的综合性交叉学科，与国外管理科学近百年的发展历史相比，我国的管理科学还比较年轻，研究基础相对薄弱，缺乏深厚的学术积淀。尽管管理科学研究获得资助的项目与发表的论文数量增长迅速，但跟踪性的研究还比较多，其中不少工作属于借用国外的方法或者理论“套用”中国数据和案例的研究，尽管这些研究也能够发展出一些新的知识，但与那些奠基性的、引领一个新方向发展的研究相比，其原创性还比较欠缺，对指导管理实践的意义也有限。在国际上有影响的研究工作与成果还不多，这从在顶级期刊上中国内地学者以第一/通讯作者发表的文章比较少就可见一斑。

创新性、突破性的研究往往来源于管理实践。我国在改革开放过程中存在宏观管理问题、家族企业或特大型企业的发展规律问题、现代服务业发展的问题等，在这些问题上都可能产生突破性的管理理论或方法。我国提出建设创新型国家的目标，需要管理科学家对于一些新问题进行创新性的研究，敢于迈出自己原来相对狭窄的研究领域，以自己掌握的知识、理论方法和研究经验为基础，同时重视国际管理研究的新动向，大胆探索新的科学问题，创造新的管理科学知识，丰富管理科学知识体系。

第四章

管理科学发展布局

第一节　我国管理科学总体发展战略布局

一、我国未来10年管理科学发展的指导思想

我国未来10年管理科学发展要以中国管理实践的经验与数据资源为基础，推动国际管理科学领域中具有中国特色的重要管理科学问题的基础研究；与全球管理科学家共同致力于发展、传播与应用具有原创性的新一代管理科学理论。在此期间，其总体指导思想是立足中国实践、促进合作发展、关注社会责任。

1. 立足中国实践

对本土管理现象的观察、总结、提炼是中国管理科学理论发展与创新的源泉，是中国管理学者为人类管理科学做出贡献的重要途径。未来10年，中国管理知识的创造、传播与应用都应该重点围绕中国管理实践展开。中国实践是研究者的理论源泉，是教育者的服务对象，是实践者的工作土壤。

立足中国实践是中国管理学界长期遵循的“顶天立地”的价值取向在未来10年的具体表现。未来10年，具有中国特色的重要管理问题将有望成为世界研究的热点，因此对这类问题的研究既是一个扎根本土的“立地”过程，也是创新人类管理知识的“顶天”过

程。中国学者只有与世界共同关注具有中国特色问题的研究，才能够将“立地”与“顶天”两个过程有机地结合在一起。

立足中国实践也是指导中国管理科学界追赶或者超越国际同行的重要战略途径。经过百年发展的管理科学，遭受着“理论正在偏离实践的轨道，逐步脱离成立之时的初衷”的批评。在国际同行纷纷反思管理科学现行发展模式的今天，中国管理科学只有坚定不移地从实践出发，才有可能抓住历史机遇，建立自身的学术地位。

2. 促进合作发展

促进国内学术界与实务界之间的合作与对话，加强中国学者与国外学者的合作与对话，是未来10年指导中国管理科学学界内部合作与外部对话的重要指导思想之一。

研究者、教育者及实践者同是中国管理科学发展的主力军。三者在不同的领域与层面为提高中国管理理论与实践水平贡献着各自的价值。同时，三者之间存在着相互支撑、相互依赖的共生关系。未来10年，管理科学学界应该进一步促进三者之间的相互了解，加强彼此之间的合作，最终促进知识与经验在三者之间的流动、融合与创新。

促进与国外学者的合作、对话与竞争，是中国管理科学保持竞争力与活力的重要途径。中国管理科学学界应当通过各种合作方式，积极学习与吸收多种管理科学的成果或思想，保持学习源的多元性。在有关具有中国特色的重要管理问题的研究上，不仅要在对话中提高理论水平，更重要的是让国外学者了解中国的管理实践，了解中国管理学者的价值观。

3. 关注社会责任

将管理者与政策制定者的社会责任作为管理科学研究与教育的重要内容，应该成为未来10年中国管理科学发展的重要指导思想之一。未来中国的领袖能否具有较高的社会责任感，中国的决策者能否承担与国外决策者相同的社会责任，将直接影响管理作为一项社会职能存在的价值与意义。管理者与决策者既是管理研究的对象，也是服务与教育的对象。管理研究与教育对于决策者社会责任的塑造与引导，具有不可回避的责任。

二、我国未来10年管理科学发展的战略目标

我国未来10年管理科学发展的总体目标是推动具有中国特色的重要管理问题的研究，使其成为新一轮世界管理理论发展的动力源之一。在此过程中，中国管理科学学者应成为具有中国特色的重要管理问题研究的主力军；管理科学提供的知识应成为企业或组织在处理效率、决策及社会责任问题时的主要依据与手段；同时，管理理论将极大影响管理人员责任意识与领导风格的形成；管理知识应在理论界、教育界及实践界相互转化与迅速扩散，建立一个开放、合作与创新的知识创造群体。具体目标如下。

1）学术发展目标：促使具有中国特色的重要管理问题成为管理理论创新的推动力量之一，并形成中国管理科学研究的突出特色和优势领域；力争在管理科学与工程及工商管理学科的国际期刊论文发表数量进入第二梯队的前列，宏观管理与政策学科进入第二梯队；在重大的国家、组织和企业管理实践中，切实体现出我国原创性管理科学知识的支撑作用。

2）人才队伍目标：促使中国管理科学家成为具有中国特色的重要管理科学问题基础研究的先行者，成为国际管理科学基础研究的主力军之一；在优势和特色领域中出现一批具有重要国际学术影响的领军人物；使中国管理科学家群体成为中国管理实践界获得基础竞争力的重要知识源泉之一。

3）基础设施目标：完成国家级的管理科学研究开放性基础数据及案例库、开放式实验及计算平台等基础设施的搭建工作，并完成资源整合的运行制度建设，使基础建设从资源条件供给到运行制度设计和实施都能达到国际先进水平。

第二节　我国管理科学发展布局和重大发展方向

根据国家自然科学基金委员会的分类，管理科学下设管理科学与工程、工商管理、宏观管理与政策三个子学科。在战略指导思想和目标指引下，经过科学的文献计量分析、专家问卷调查分析、专家综合集成研讨等，本书提出管理科学未来 10 年的发展布局和重点发展方向。

管理科学与工程学科以具有行为复杂性的管理问题、服务科学及其运作管理、后金融时代的风险管理与危机管理、网络信息下的决策支持与知识管理为主导领域方向，以运筹与优化、管理系统工程、电子商务、对策理论与技术、决策理论与技术、知识工程、工业工程、交通运输管理理论、风险管理理论与方法、预测理论与方法、服务管理、供应链管理、评估理论与方法、行为管理理论为学科发展方向，以中国管理实践中提出的问题为主要研究对象，以原始创新为目标，以增强国际影响力为途径，以在国际一流学术期刊上发表研究成果为手段，在上述部分领域中形成中国管理学派，造就一批原创性成果。学科布局方面，在管理中的运筹与优化领域，不确定性决策理论、供应链管理、预测理论与方法等优势领域，应该在继续保持国内管理科学与工程的优势地位的基础上，选择突破点获得原创性成果，使这些领域的研究工作达到国际先进水平；将信息技术与管理、服务科学与运作管理等新兴学科作为学科增长点，争取在规划期内使这些学科达到国际先进水平；对于我国理论与实践急需，但同时相对落后的金融工程理论与方法、基于行为科学研究方法的管理理论、风险管理方法等领域，应该进一步加大投入，利用国际合作等方式提高学科地位。

与其他学科相比，工商管理学科中存在大量“情景嵌入型”与“情景依赖型”问题。在“情景嵌入型”问题的研究过程中，由于问题所嵌入的制度环境不同，可能部分地影响管理理论的适用性与可靠性，也可能需要根据特定的制度环境重构相关管理理论。战略管理、企业理论、人力资源与组织行为、公司财务与金融、创业管理、创新管理、营销管理等领域都大量存在这种问题。因此，工商管理学科应当发挥中国独特管理问题的“资源”优势，争取在一些前沿领域中形成一批“情景嵌入型”的研究成果，即将“情景”作为因素纳入现有理论框架的引进、吸收、再创新的成果。另外，在对具有中国特色的重要管理问题的研究过程中，个别领域产生了具有国际影响的“情景依赖型”问题，即根据“情景”重构全新的理论框架的具有原始创新性特征的成果。在学科发展布局上，将服务管理、非营利组织管理、创业管理等新兴领域作为学科增长点，积极参与国际合作与竞争，争取在较短时间内达到国际先进水准。利用运作管理、企业信息管理与电子商务、物流与供应链管理等领域积累的优势，逐步缩小与国际领先者的差距，并在逐步细分的研究领域做出一流水准的学术贡献。

宏观管理与政策学科具有交叉性强、涉及面广的特点。未来相当长一段时间内，我国经济与社会发展存在一些亟待解决的重大现实问题，如资源环境、国际竞争、政府转型、社会建设等，都需要宏观管理与政策学科的研究成果予以支撑。从学科布局来看，未来10年，宏观管理与政策学科要在基础研究的核心领域、应用研究的优势领域、前沿研究的热点领域这三个方面取得重点突破。首先是重视学科体系和理论基础建设，特别是继续加大对公共管理基础理论与方法研究的支持力度，夯实整个学科的发展基础；其次是在应用研究的优势领域取得突破，带动整个学科的发展，如在图书情报档案管理（信息资源管理）领域保持国际领先优势，在科技管理与政策、金融政策与管理领域进入前列，在宏观经济管理、农林经济管理、资源环境政策与管理、城镇与区域发展管理、医疗卫生管理与政策领域实现从数量突破到质量提升的转变；最后是结合前沿研究的热点，如人口老龄化、气候变化、低碳经济、全球治理、创新发展等问题，实现在公共管理与公共政策、教育管理与政策、劳动就业与社会保障、公共安全与危机管理等相对弱势领域的水平提升和重点突破。

第三节 我国管理科学交叉学科发展布局与发展方向

管理科学具有综合性、交叉性的学科特点，管理科学所研究的很多问题都具有一定的学科交叉特征。未来10年，管理科学与数理科学、心理学、生理学、信息科学、环境与气候等学科将产生更为紧密的联系，并有可能在某些领域形成新兴的交叉学科。

管理科学与心理学、生理学密切联系，相互交叉、相互影响，形成了诸多从心理行为角度解释管理决策的管理学派。近10多年来，大量实验研究和实证研究成果表明，公司的财务政策选择、投资决策、管理模式、商务模式、战略决策，都受到管理者非理性行为的影响，并初步形成了行为金融、行为财务、行为营销等重要的研究领域。此外，由于管理者的非理性行为的研究涉及心理和生理实验，形成了管理心理学和管理实验心理学这类以管理者心理行为为研究对象的基础性学科。将神经科学和心理学的研究与管理与决策科学相结合，也会在未来产生重要的研究成果。

信息科学、数理科学与管理科学之间的交叉主要体现在两个方面。一方面，随着管理科学研究方法越来越趋于定量化、模型化和依赖信息技术的支撑，管理科学与信息科学、数理科学之间的关系越来越密切，管理科学依赖这些学科进行科学探索的同时，也对这些学科提出了新问题；另一方面，信息技术和网络技术对于企业的运营方式产生了重要影响，这导致以管理活动为研究对象的管理科学与信息技术科学之间相互交叉、相互影响。例如，探讨基于现代信息技术和网络技术的企业管理问题，形成了电子商务平台及其管理、物流与供应链管理、基于网络的决策管理等新兴学科，以及服务科学与信息技术、通信网络技术与其他学紧密结合的新兴学科。而对服务科学的研究也离不开数理科学的支撑，同时还需要与服务价值认知和评价的管理科学，以及服务生理机制研究的心理学紧密结合。信息科学和复杂性科学的快速发展及其重要突破，使得对复杂金融体系进行计算建模、探索其资产定价与风险管理规律成为可能，并且对于建立合理、高效、创新、稳健的金融体系意义重大。例如，复杂金融体系建模与优化方法需要数理科学的知识体系，而金融系统的安全高效需要有效的信息技术支持等。此外，新一代信息网络技术通过特定的信息技术基础设施，彻底改变了企业与公共管理组织内部的信息与知识的产生及传递方式，进而改变了组织文化、管理层级结构、资源分配方式，乃至最终改变产品和服务的生产模式与运作机制，从而促进各类组织实现和谐、透明、高效协作的全新工作模式和管理模式。可以预见，随着信息技术对企业产生的影响的扩大，三个学科之间将会产生更多的交叉领域。

气候、环境与资源保护对管理科学的微观与宏观方面都产生了重大影响。在微观方面，环境问题导致有关企业管理基本目标的争议。围绕环境保护、资源承载和节能减排问题，“绿色管理”问题正在成为当前工商管理学科讨论的热点问题，形成绿色生产、绿色营销、绿色投资、绿色企业的绩效评价理论和方法、绿色战略管理、碳排放的交易市场管理等新的管理问题，对传统工商管理学科中企业价值最大化理论提出新的挑战；此外，围绕环境保护、资源承载和节能减排问题，企业管理决策的商业道德和社会责任问题，也被引入工商管理学科的研究之中，成为社会和学界普遍关注的热点问题。在宏观方面，气候变化问题直接涉及经济发展方式、人类生活与消费方式、能源利用结构与国际贸易格局，正在成为深刻影响21世纪全球发展的一个重大国际问题。因此，管理科学与气候、环境与资源学科存在重大的交叉研究机会。

第四节　国家重点实验室等平台建设计划需求分析

国家通过建立一些大型的科研平台以促进学科发展，在一定条件下会发挥重要作用。但是，在国家级重点实验室、973 计划（国家重点基础研究发展计划）等方面，目前还没有关于管理科学某领域的重大平台建设项目或成果。

从学科发展现状分析，我国管理科学的传统领域已经发展得较为充分，并形成了众多的研究群体，且各有特色，个别研究群体已经在国际上取得了一定地位。从学科发展来看，在这些学科上再进行大投资的平台建设，其预期成效可能不大。因此需要在新兴领域进行平台建设，以求在起步阶段就能赶上甚至引领世界潮流。

前面的分析表明，基于行为和心理的复杂管理系统决策科学将是未来 5～10 年的一个重要新兴领域，因此，建设相关的国家重点实验室或者支持一个大型的科研计划，可能会收到好的效果。此外，宏观经济系统、能源系统及能源战略的研究，由于其事关国家命脉，甚至事关世界未来，所以也有必要在这一领域进行平台建设。

服务科学正在成为全球管理科学研究的新兴领域，而我国进入小康社会后，对服务科学的理论与知识需求更加迫切，因此，建设一个全国性的服务科学综合研究基地将十分必要。

国家自然科学基金委员会已经开始重大公共安全的风险管理研究，其理论、方法和技术有逐渐渗透到其他领域（如突发事件的供应链管理、灾害影响下的生产管理等）的趋势，因而可以考虑将重大安全事件的风险影响研究扩展到其他领域，而不仅限于公共安全问题。例如，在金融管理、供应链管理等方面，可以建立支持性的平台，为该方向的相关风险研究提供更好的培育土壤。

总的来说，目前主要面向管理科学的国家级平台还比较少，希望未来 10 年期间，在上述相对新兴的领域，能取得一定程度的突破。

第五章

管理科学的优先发展领域与重大交叉研究领域

全球经济一体化、信息化、知识化、生态文明化及多元文化的快速发展，对管理科学和人类管理活动本身产生了深刻的影响，同时管理科学作为一门综合交叉性学科也对其他学科的发展提出了新的要求。

进入 21 世纪，随着经济的发展、技术的变革、社会的进步以及人类社会关注焦点的转移，管理科学涌现出许多新兴学科，管理科学的研究内容向纵深方向发展，而且管理者也面临许多独特的管理实践问题。伴随着管理科学中新兴科学的涌现、管理科学研究内容的纵深发展及具有中国特色管理实践问题的大量出现，管理科学的方法论和研究手段也出现了新的变化，尤其是信息技术的迅猛发展和复杂性科学理论与方法的探索，为解决管理科学问题提供了新的手段与工具。

管理科学作为一门跨自然科学、工程技术科学和人文社会科学的综合性交叉学科，一方面，随着人类组织复杂程度的提高，管理活动中所涉及的因素及其类型也越来越复杂，这就需要管理科学家将研究的视野放到更宽广的学科领域，进而使自然科学、工程技术科学、人文社会科学间的相互渗透、交叉与融合不断加强；另一方面，作为一门综合性交叉学科，管理科学从其他各个学科领域不断细化的理论成果中汲取丰富营养，将那些学科领域中对于事物客观规律的深刻认识与研究方法作为探索管理活动规律的重要基础，进而推动管理科学自身的发展。同时在生态文明化、多元文化背景下研究管理科学问题，也对管理科学的交叉融合和国际化发展趋势提出新的要求。

因此，深刻分析与深入研究管理科学的优先发展领域与其重大交叉研究领域，对于增强管理科学在国家总体学科发展布局中的地位、落实《国家中长期科学和技术发展规划纲要（2006—2020年）》中的管理科学具体战略部署、满足国民经济社会发展和国防安全的需要、推动其他学科和相关技术的发展以及提高我国国际竞争力具有重要的科学意义和战略价值。

第一节　管理科学遴选优先发展领域的基本原则

未来10年，对于管理科学问题的研究，我们要立足于中国实践、促进合作发展、关注社会责任。管理科学布局规划与优先领域遴选的科学依据要符合以下五点：一是符合管理科学基础研究发展的特点；二是符合整体学科战略目标；三是有利于增强我国管理科学研究能力、提升成果水平、扩大国际学术影响；四是平衡国际前沿热点与中国管理实践需求；五是强调问题导向和学科交叉。

遴选优先资助领域的基本原则是将学科需求和学科基础相结合，着眼于我国已有较好基础的研究方向和新的学科生长点，以促进学科交叉与渗透，推动部分学科领域或科学前沿取得突破性进展。具体包括四个方面。第一，学科发展需求（或者称知识需求），包括重大管理实践（这一点对管理科学尤为重要）和科学知识体系自身完善两方面对管理科学研究提出的迫切需求；第二，学科发展基础（或者称知识供给），即当前的学术积累，包括知识积累、人才队伍积累等；第三，符合整体学科发展的战略目标；第四，保持已有战略规划的延续性。

一、国家实践需求

（一）提升我国国际影响力

经过30多年的发展，我国社会主义市场经济已经进入了一个新的阶段，国家经济正处在从世界经济链条的中低端向高端发展的关键时期。未来 5～10 年，中国的经济实力、科技实力、军事实力、国际政治地位都将有较大的提升，同时经济发展模式与经济结构也会有所调整。中国未来面临的主要挑战是经济、社会和生态的可持续发展。未来 10 年是我国全面推进国家创新体系建设、迅速提升我国科技实力和创新能力以及有效支撑“全面建设小康社会”目标实现的关键时期，也是我国科学技术发展的重大战略机遇期。

在 21 世纪，中国作为一个负责任的大国，需要在社会、经济及科技的发展方面做出相应的调整。例如，2009 年 12 月，在哥本哈根世界气候大会上，温家宝总理做出庄严承诺，中国政府确定减缓温室气体排放的目标是中国根据国情采取的自主行动，是对中国人民和全人类负责的，不附加任何条件，不与任何国家的减排目标挂钩。此外，应对全球气候变化而承担发展低碳经济的责任，也将使我国组织管理和宏观管理方面的战略、资金、技术、管理、人才等面临更高要求的挑战。

（二）探索经济增长新模式

中国改革开放的发展始终是机遇与挑战并存的。在过去 30 多年改革开放的进程中，我国经济保持高速增长，人民生活水平大幅度提高，国家实行大规模的经济、社会改革和开放政策，吸引了大量外资，出口持续增长，创造了举世瞩目的成就。随着改革开放的不断深入，中国社会的发展模式和运行机制发生了重大转变。当前，中国的改革正进一步深化，许多深层次矛盾日益凸显，在国际上没有成功模式可以借鉴的条件下，中国必须根据自己的国情，解决好经济增长与社会公平的矛盾、人口与资源的矛盾、城乡和地区差距问题等。因此，把握好未来几十年的重要战略机遇期，走具有中国特色的创新发展道路，这在客观上要求必须发展具有中国特色的管理科学理论和方法体系。

中国产业升级与企业增长方式的转变，将会对世界产业分工以及企业竞争格局产生深远影响。一些西方学者已经开始关注这种带有中国因素的企业转型，并进行了很多的研究。可以预见，随着中国企业的转型成功，中国企业将会成为世界理论界研究的焦点。由于中国学者对于这一过程的观察成果有着不可替代的价值，所以中国学者有责任为这一时期中国企业的管理实践提供更为深刻的理论解释，为世界管理问题做出应有的贡献。

（三）巩固加强农业基础地位

农业是国民经济的基础，加强农业的基础地位是经济结构调整的重要内容，是保持经济发展和社会稳定的基础。耕地和水资源紧缺，是我国农业发展的长期制约因素。另外，制约农业农村经济稳定发展的深层次矛盾仍然存在，促进农业持续增长和农民较快增收的难度越来越大，推进农业生产方式转变和破除城乡二元结构的任务越来越重，人口增加和消费水平的不断提高，也将对农业生产提出更高的要求。要实现农业农村经济的又好又快发展，就必须进一步巩固和加强农业基础地位，继续做好确保农产品有效供给、促进农民持续增收等工作。

（四）保障经济与社会安全

维护社会的安全与稳定是我国和谐社会建设的重要任务和重要目标之一。在我国的社会安全稳定建设中，必须树立新的安全观，从社会平安稳定建设的全方位角度去思考，同时进一步加强心理疏导工作，以保证社会安全稳定的发展。构建社会主义和谐社会，为维护稳定工作带来了新的理念和新的认识。从我国社会主义现代化建设的全局看，维护社会稳定、构建和谐社会，不仅是实现国家目标的重要保障，而且是社会建设的重要目标和重要内容。

建设安全稳定的和谐社会要求在人力资源管理中薪酬分配合理、贫富差距适当、公众的合法权益得到切实维护等。在这种情况下，如何妥善协调不同阶层、不同群体的利益，最大限度地整合社会关系，对公共管理来说是一个重大问题。在建设和谐社会过程中，还应做好疏导公众情绪的工作。随着我国经济社会结构的深刻变化及信息网络化的迅速发展，影响公众思想和行为的因素越来越复杂多样。在新形势下，必须不断分析和创新适合新时代特点的危机管理思路和方法，切实提高公众情绪分析与引导的水平。

（五）加快发展社会事业和全面改善人民生活

加快发展社会事业、全面改善人民生活是实现经济社会协调发展的必然要求，也是人民对全面建设小康社会、构建社会主义和谐社会新的期待。党的十七大报告在提出全面建设小康社会新的更高要求时，从广大人民最关心、最直接、最现实的利益问题入手，针对我国社会发展滞后于经济发展的情况，按照需要和可能相结合的原则，对加快发展社会事业、全面改善人民生活提出了五个方面的新要求。一是强化教育的要求。党的十七大把优先发展教育放在加快发展社会事业的首位。二是充分就业和扩大社会保障的要求。要使社会就业更加充分，覆盖城乡居民的社会保障体系基本建立。三是收入分配合理有序的要求。要基本形成合理有序的收入分配格局，中等收入者占多数，绝对贫困现象基本消除。四是强化公共卫生服务的要求。五是加强社会管理的目标。

加快发展社会事业、全面改善人民生活要求我们要用科技的力量推动经济发展方式转变，面向时代要求谋划教育发展，用新的理念推动文化发展繁荣，把促进就业放在经济社会发展的优先位置，提高城乡居民收入和改革分配制度，加快完善中国特色社会保障体系，积极稳妥地推进医药卫生体制改革，大力推进社会事业领域的改革。因此，加快发展社会事业、全面改善人民生活的新要求，为政府的宏观管理与政策制定提出了一系列新的问题、任务和挑战。

（六）转变政府管理职能和模式

在经济全球化和一体化日趋深入的背景下，以跨国企业为代表的国际竞争逐步演变为国家间市场、企业、政府、资源等全方位的竞争。政府不再是传统意义上国际竞争的后台支持，而是直接走上了国际竞争的前沿舞台。政府作为资源配置最重要的主体之一，其竞争力已经成为决定国家竞争力的重要因素。而政府的竞争力又直接取决于其在资源配置中的管理能力和效率。在此背景下，宏观管理活动中要求加快完善我国政府管理体制、确保政府的高效运行、充分发挥公共服务职能、不断提升政府管理效能和竞争力，这也成为我国政府应对国际竞争的战略性选择。从政府实际能支配的资源和职能范围看，我国属于“大政府”国家。面对全球性政府规模不断扩张、政府掌控资源不断增加的趋势，改善政府管理体制与模式，提高政府管理效率，提高公众参与公共服务的管理与监督能力，健全公共服务供给的体制机制，缓解我国当前面临的各种突出社会问题，有利于提高全社会资源配置的效率和改善国民经济整体福利。此外，一些学者在 2008 年 8 月以来的金融危机成因分析过程中，也反复讨论了如何发挥政府职能的问题。政府对市场经济既不能完全放任不管，也不能过分干预。管理经济职能中的干预对象、程度、方法、时机、方式等方面的宏观管理活动特性，也需要管理学者加以考虑。

二、知识发展需求

由于管理活动本身的内容发生了深刻变化，在过去 30 多年中管理科学本身也发生了重大变革，主要体现在以下五个方面。① 新管理现象引发的研究领域不断扩展，管理的基本观念不断创新，人类管理活动的空间进一步扩大，管理活动涉及的因素数量快速增加，实施组织管理活动的手段发生了新的变化。② 研究假设产生了深刻的变化。随着组织乃至个人所处的社会经济环境的巨大改变，人类行为因素在复杂管理环境中的影响日益显著，这给组织管理模式带来变革性影响，使得管理科学研究的一些基本假设发生着深刻的变化。③ 方法论和研究手段出现了新的趋势，如信息技术、心理学、神经科学等学科的发展为管理科学家们提供了以更加精细的眼光来观察社会组织复杂管理行为的工具，使他们能够通过过去无法实施的实验手段来探索管理理论。④ 与其他学科领域的交叉融合更加突出。管理科学不断从其他学科领域不断细化的理论成果中汲取丰富营养，将那些学科领域对事物客观规律的深刻认识与研究方法作为探索管理活动规律的重要基础，进而推动管理科学自身的发展。⑤ 具有中国特色的重要管理问题开始成为国际上管理科学研究的热点。

三、优先发展领域遴选方法

（一）确定优先资助领域的定量分析

首先，确定可定量化分析的学科发展知识需求与基础指标。一是学科发展的知识需求，包括中国本领域专家对学科发展需求的判断，以及社会经济发展对学科发展的实际需求；二是学科发展的知识供给，即中国本领域专家对学科发展基础的判断，主要通过专家问卷对各基础变量判断分析。

其次，确定优先资助领域定量分析的基本步骤（图 5-1）。

1）根据专家意见和文献分析，确定备选优先领域集合。

2）将不同来源的信息适当编码，定量地确定初始优先领域集合。

3）在初始优先领域集合的基础上，结构化地参考专家意见，对该集合进行多次修订，形成最终推荐的优先领域集合。

4）在此基础上将各个变量分为“学科基础维”和“学科需求维”两类。

5）对上述“学科需求维”运用平均的方法将相应变量求和，从而计算出各备选“优先领域/方向”的“基础”和“需求”两个综合变量值。这里需要考虑各领域专家对相关专业的熟悉程度，因而最终分析中分别计算“加入专家熟悉程度权重”和“不加入专家熟悉程度权重”两种加权平均值。

6）在“基础-需求”平面上标出该备选“优先领域/方向”的

位置。

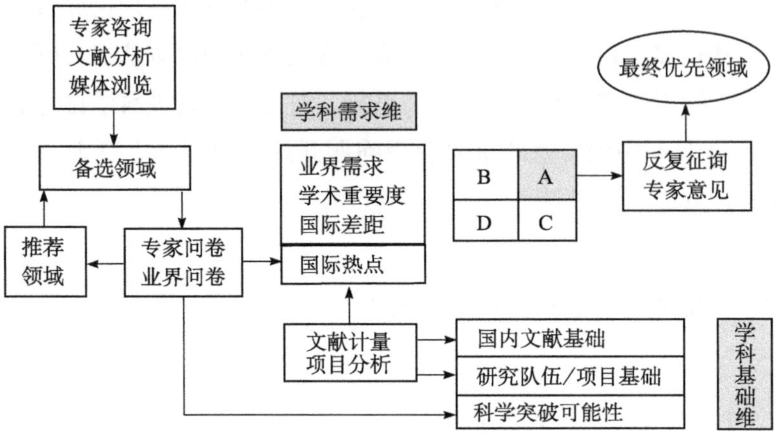

图 5-1　优先资助领域的遴选过程

当每一个“优先领域/方向”都标在图 5-1 上以后，得到优先领域/方向的“初选集合”。根据上述的排序，以“加入专家熟悉程度权重”的问卷数据分析结果为最终方案。为进行比较，以“不加入专家熟悉程度权重”的数据分析结果为参考，两者之间只有细微差别。

（二）确定优先资助领域的定性分析补充

确定定性分析的学科发展知识需求和基础指标。一是学科发展的“知识需求”维度。其指标为国际上本领域专家对学科发展需求的判断，主要是通过全球本领域著名研究机构的研究热点来分析——通过文献的计量分析来实现。二是学科发展的“知识基础”维度。其指标如下：国内目前对学科子领域的研究热度——主要通过对国内核心期刊最近 3～5 年文献的计量分析得到；国内目前研究基金对学科子领域的项目资助热度——主要通过国家自然科学基金、国家社会科学基金和国家软科学研究计划最近 3～5 年的资助情况分析。

将上述定性方法和定量方法相结合进行分析，得到有一定收敛性的排序结果，以及补充的“备选优先资助研究子领域”和“前瞻性研究领域”备选子领域集合。

根据上述分析，规划宏观管理与政策学科布局、遴选优先领域的数据和知识来源主要包括九个。

1）国内外专业领域文献（包括学术期刊与非学术性专业期刊）摘要阅读整理。

2）国际著名机构的研究热点分析。

3）国内专家咨询会议。

4）管理科学国内各领域专家调查问卷。

5）国际一流学术期刊的文献计量分析。

6）国内一流学术期刊的文献计量分析。

7）国内主要研究基金对本领域项目资助情况的分析。

8）国外主要科学基金组织对本领域的资助情况分析。

9）管理科学国际知名专家咨询。

第二节　未来 10 年管理科学的优先发展领域

根据以上方法，从研究的视角和边界及目标、研究的重要实践对象两个角度，划分出四组优先发展领域群：具有行为复杂性的管理系统；全球化和信息化引发的管理科学新问题；具有中国特色的重要管理科学问题；区域的协调和可持续发展。

一、具有行为复杂性的管理系统

1. 复杂管理系统的研究方法及方法论

管理组织中微观个体的有限理性所导致的行为及其相互作用和演化的联结方式，构成了管理活动中的复杂性特征。传统管理理论将研究对象看做简单系统的假设被实践证明是不可靠的。复杂性科学和信息技术的发展为管理科学突破了“还原论”的思想，从复杂性视角进行研究开辟了新的视野。此后，运用复杂性科学方法探索管理问题成为了研究的热点。管理科学家们运用复杂性科学的原理，通过微观建模、行为实验、计算仿真等方法从管理组织内部各单元的相互作用及组织与环境的相互作用中寻找组织的管理活动发展进化的动因及规律，使组织能适应社会、经济及科技的迅速发展进而取得良好的效果。

该领域四个优先发展方向如下。

1）复杂管理环境中的预测、运筹与管理。科学问题举例：危机预警理论与方法、综合集成的预测方法与应用、随机优化理论与算法及其应用、新兴优化理论及其应用、排队论与随机网络理论及其应用、谈判理论与模型、拍卖机制设计、招投标理论与方法。

2）复杂经济管理系统的行为建模。科学问题举例：复杂经济与管理系统中的社会计算问题、区域经济系统的演化过程与规律、复杂管理系统中的个体行为建模一般理论与方法、复杂经济管理系统研究的仿真建模及实验平台。

3）基于行为与实验的管理研究方法。科学问题举例：管理行为研究的实验方法、生物心理人工神经研究、管理科学的认知科学方法（生理心理）研究、脑电与决策过程研究、基于行为实验的管理决策研究、个性心理因素对公平知觉的影响作用、行为管理学的实验环境建设。

4）具有中国特色的管理研究方法论。科学问题举例：中国管理思想与科学体系、东方管理的规范化研究、中国特色管理理论研究的分析方法。

2. 具有行为复杂性的管理问题

在现实生活中，人们面临的是一个复杂的、不确定的世界；同时，决策者对环境的计算能力和认识能力也是有限的。因此，经典管理科学理论中的理性人假设已经被突破，“行为”及其所产生的复杂性成为近年来管理科学研究的重要视角与特征。行为视角的研究提出人类决策具有“有限理性”的特征，而不是如传统效用和决策理论所认为的那样是完全理性的。因而在很多经典的管理科学领域（如运作管理、金融管理等）中，需要在“行为假定”下重新审视，从而引发了原创性管理知识新探索的巨大需求。考虑了以上个体和组织的行为及其复杂性的管理规律研究及管理活动中的复杂性研究，已经成为重要新兴前沿理论研究的显著特征。

该领域四个优先发展方向如下。

1）复杂金融系统的动力学。科学问题举例：复杂金融生态体系中的市场效率、风险和定价研究，计算实验金融理论与方法，行为金融理论和方法，基于行为和神经实验的金融理论研究，金融工程中的高性能计算与实验方法研究，高频高维金融数据分析与编码，开源信息环境下的投资者行为与资产定价。

2）行为运作与复杂供应链管理的基础问题。科学问题举例：面向非理性客户的收益管理与动态定价，即时效应对生产及供应链计划的影响，基于个体均衡和系统最优的供应链合约有效性，需求与能力规划对供应链决策的影响，复杂供应链中的风险管理，基于供应链的产品设计、竞争战略与技术创新，基于仿真方法的复杂供应链集成优化问题，具有现金流约束的供应链优化。

3）交通/物流网络规划与管理。科学问题举例：交通需求生成、预测与分配理论和方法，交通网络设计理论与运行管理方法，拥挤条件下的交通运行组织优化与控制，交通和物流网络系统的模拟仿真，公共交通系统内换乘同步性研究，综合交通系统规划与管理，交通应急管理，面向区域服务的物流协同运作方法，物流网络的调度与优化问题。

4）复杂重大工程项目管理研究。科学问题举例：大型水利水电建设工程的项目控制，大型航空飞行器研发的技术管理，复杂大型工程项目的关键链管理，多项目管理理论和方法研究，大型项目的复杂性与可靠性研究，复杂重大工程项目管理的多学科综合研究，复杂重大工程项目的风险预测、评估与管理，复杂重大工程项目的招投标管理，复杂项目管理中的人因研究。

3. 后金融危机时代的风险与危机管理

美国次贷危机引发的国际金融危机对世界经济和国际格局产生

了复杂而深远的影响。对于危机性和灾难性风险管理的研究进一步引起了国际学术界、政府、企业的高度重视，风险管理和危机管理意识的增强也从金融工程领域延伸到了各行各业。

在后金融危机时代，风险管理和危机管理已经成为各行各业的研究重点和热点，研究内容从注重数量风险测度模型到注重数量风险测度与从社会和组织内容上探索和解释风险行为并重。例如，如何处理与环境影响和变化相关的风险和可持续发展相适应性的问题；重新审视和研究风险影响的评估方法，特别是与极端事件相关的风险；开展围绕组织声誉的管理和保护的争论，审视风险承受能力特性，特别是围绕危及国家架构与具有灾变性的事件的风险与安全问题；识别和制定动态能力需求预防与管理的风险管理技术及其在组织内的承受能力分析等。

此次国际金融危机的出现及影响也从很多方面根本性地改变了人们的管理行为和方式，尤其是这次金融危机突出地揭示了现实管理世界中无处不在的危机和风险，并且展示了危机和风险的发生及其影响与传统管理知识相左的事实。如何应对后金融危机时代可能产生的新的危机与风险，如何在新的条件下认识、度量、评估和控制危机与风险规律等，将是未来一段时间内全世界管理科学家重点关注的问题。

该领域三个优先发展方向如下。

1）风险识别、度量与控制的新原理和新方法。科学问题举例：复杂系统中的风险建模与仿真的新原理、极端事件相关的风险动态评估理论与方法、风险价值理论与方法创新、风险管理的新体系和新机制。

2）金融体系中的创新及其安全管理。科学问题举例：复杂金融体系中的系统性风险规律和危机生成机理、金融产品/市场制度创新的风险管理、开放金融体系中的博弈与联合金融监管、金融体系中生态群落演化规律、面向全球金融市场异常的监测、金融体系中的多层次风险管理和监管模式。

3）企业风险管理中的新问题。科学问题举例：制度环境、公司治理与企业风险行为，企业资本结构及其风险管理，管理者的风险行为规律，企业战略风险行为管理。

二、全球化和信息化引发的管理科学新问题

1. 新兴信息技术下的服务科学

全球产业结构正明显地表现出加速向后工业化服务经济转型的趋势，信息化更加进一步推动了这种趋势的发展，使服务业在经济总量的比重及从业人口比例日渐成为衡量国家发达程度的重要标志。中国要想完成未来的可持续经济增长，并在全球垂直分工的价值链上扮演更为重要的角色，必须以信息技术为依托形成以服务为导向的产业结构战略转型。

无形的“服务”作为一种满足人们需求的经济活动结果，在现代经济体中已经同有形的“产品”同样重要。由于“服务”与“产品”的巨大差异性，传统上以“产品生产”为实践基础而发展起来的管理科学面临着全新的挑战，如服务的创新和设计、服务的组装集成、服务的营销配送、服务的价值感受等在技术信息化、经济全球化、文化多元化等时代背景下，与传统的“产品生产”管理规律存在很大差异。服务科学正是一个以“服务生产”管理规律为基本对象的研究领域，它试图对已有的计算机科学、管理科学、工程科学、社会科学、认知科学及法学加以整合，从而进行跨学科领域的综合交叉研究。

服务科学的基础理论研究是通过分析服务过程、有效管理服务系统来实现服务效率最大化，同时也为服务创新提供基础平台。服务科学研究目标是解决服务特性带来的诸多问题，为人们提供科学分析服务、有效管理服务，并通过服务创新和流程设计最大化服务资源整合所形成的生产力。它致力于探索系统性推动服务创新的框架，包括服务系统仿真、服务系统最优设计和系统最优控制等。

该领域四个优先发展方向如下。

1）服务经济与社会发展的战略转型。科学问题举例：服务对于社会经济发展的战略价值、从产品生产到服务提供的产业战略转

型、服务与宏观管理模式的转型。

2）服务系统建模、分析与优化。科学问题举例：复杂服务系统的行为与建模、服务系统设计的原理与方法、服务中的信息技术与新技术、服务工作设计的原理与方法、服务系统的专业化与协调、服务系统中的收益管理、服务提供渠道的协调优化、商务流程建模、开放式服务系统建模仿真平台。

3）服务中的交互、创新与价值评估。科学问题举例：服务系统中的交互行为与价值共同创造过程、战略服务管理的机理与效果分析、基于观测的服务因果关系分析、以人为中心的服务规范和生态系统。

4）服务技术基础及其应用工具开发原理。科学问题举例：服务质量的度量与控制，服务质量、测度与标杆，服务生产率研究，服务中的信息技术与新技术。

2. 全球竞争中的创新与创业管理

当今世界，全球的竞争越来越体现为经济和科技实力的竞争，而科技创新能力是一个国家科技事业发展的决定性因素，是国家竞争力的核心。从中国经济社会发展的阶段性看，自主创新已成为支撑和引导经济社会未来发展的主导因素，科技创新将成为经济社会发展的根本动力之一。在整个国家技术创新体系中，作为主体的企业的技术创新管理具有核心地位。同时，生产力的技术创新得以实现的一种重要的新途径就是“基于技术的创业”（包括企业的内部创业和扩散到社会的外部创业）。此外，创业和中小企业管理是保持市场中不断有新的企业诞生和成长的必要活动，是保证市场经济体系存在的基本前提。同时，对于中国这样一个人口大国，创业和中小企业管理还具有提供就业岗位的积极功能。

随着电子商务和物流网络的飞速发展，全球化和信息技术改变了创新和创业活动的模式、资源配置范围及方式，同时也改变了创新和创业者的行为特征。这就要求中国管理科学界探索面向全球竞争的创新与创业管理中的关键科学问题，为更好地促进创新与创业提供理论基础。

该领域四个优先发展方向如下。

1）产业技术管理与创新机制研究。科学问题举例：产业集群中的技术创新协调与产权保护机制，产业技术创新网络生成与演变，复杂技术创新过程中的知识创造、共享与转移机制，科技全球化及其治理，复杂技术追赶的道路选择理论，科技政策影响创新体系的机制与渠道。

2）全球化中的企业创新模式及其战略影响。科学问题举例：突破性创新的组织运营策略，技术创新网络的生成与演变，产品创新的跨文化与跨组织管理，模块化产品创新的分解与集成管理，垂直、专业化条件下企业技术创新模式与能力演进、创新模式的选择与企业竞争战略。

3）企业家行为、创业团队及其对创业企业的影响。科学问题举例：创业团队成员进入和（或）退出的影响因素研究、创业团队的治理结构、创业团队对创新企业的风险行为及其成长的影响、开放环境下的创业孵化规律与模式。

4）创业融资模式创新及其原理。科学问题举例：融资风险分担机制创新及其原理、创业融资模式对创业企业的影响、海外资本在中国创业融资市场的影响、技术创业活动的价值判断基础。

3. 网络信息环境下的决策与知识管理

随着互联网发展进程的加快，信息资源网络化成为一大潮流，与传统的信息资源相比，网络信息资源在数量、结构、分布和传播的范围、载体形态、传递手段等方面都显示出新的特点。这些新的特点（如开源特点）赋予了网络信息资源新的内涵，并对社会、经济的发展产生深远的影响。

随着计算机通信技术的不断发展，以及 Web 2.0、物联网、感知中国等全新概念、技术与商业运行模式的出现，基于互联网的信息传播方式在时间、空间、传播效率上已确立了明显的优势，并以惊人的速度渗透到社会的各个方面。信息传播能力的提高，在为管理活动提供更为高效、便捷手段的同时，一方面使得管理环境更加复杂多变，管理边界难以被准确描述和精确估计，从而给管理和决策中的诸多方面与环节带来了新的科学问题；另一方面，在企业和组织所处的内外部环境中，产生大量的复杂数据，如海量数据、高维数据、流式数据、不均衡数据、GIS（地理信息系统）数据等，这使得传统的信息系统建设方法、信息抽取与搜索技术、OLAP（联机分析处理）与数据挖掘技术，以及以这些技术为基础的管理决策理论和方法都有待于进一步的研究和拓展。

该领域四个优先发展方向如下。

1）面向网络/复杂数据的智能决策分析。科学问题举例：面向复杂数据特征的数据挖掘与知识发现技术及集成系统、基于互联网的商务智能技术、开源信息/知识生成与传播条件下的决策、大规模网络用户参与的行为规律。

2）社会网络条件下的知识管理。科学问题举例：开源信息和知识传播的特征和模式，社会网络环境下知识的共享、转移、综合及再创造机制，用户实体的信息和知识的组织、提炼、检索和利用方式，基于社会性互联网应用的语义网络。

3）新兴网络信息技术引发的风险规律及其管理。科学问题举例：数据挖掘技术与商务智能应用环境下的隐私保护机制、网络欺诈行为的特征性规律及防范机制设计、在线行为模式与信息过载特征的识别、新型电子商务环境中的信息安全标准和认证机制问题、移动网络环境下保障移动业务连续性的信息安全标准和服务问题、新兴电子商务环境下的信誉机理与信誉系统设计模式、移动网络环境下的新型电子市场交易机制与管理。

4）社会网络博弈、社会网络学习及其在社会管理中的应用。科学问题举例：社会网络的信息聚集与扩散、社会网络的形成及其演化、社会网络上的机制设计、社会网络上的博弈、社会网络的学习行为、社会网络上的意见操纵、社会网络上的不良信息管理。

4. 新兴信息与通信技术引发的管理变革

管理是组织中的管理者通过计划、组织、指挥、协调和控制，运用一定的管理职能和管理方法对组织中的人、财、物、信息等资源进行整合和协调，从而实现组织目标的活动。管理变革是指企业的管理者不断根据市场和社会变化，用新思维、新技术、新方法、新机制，创造一种新的更为有效的资源组合范式，以使调整后的组织资源协作关系能最大限度地发挥它们的整合作用，从而达到以尽可能少的投入获得尽可能多的综合效益的目的。

近年来，国际互联网和全球通信等信息技术的飞速发展及广泛应用，使科技、经济、文化和社会正在经历一场深刻的变化，人类已经进入以信息化、网络化和全球化为主要特征的经济发展新时期。信息已成为重要的资源，信息技术已成为几乎所有活动的支撑性技术，信息管理的重要性日益显现。

新兴信息与通信技术的飞速发展，促进了企业技术的更新、产品的换代，引发了企业管理的变革，带动了企业管理模式巨大的变化。信息技术的发展与管理模式的发挥是相辅相成的关系。信息技术最终是要为企业管理服务的，管理的创新使信息技术走向深入。同时信息技术在企业生产、经营决策中的广泛应用，又推动了企业管理思想、方法、手段、模式和理论的创新，为企业管理变革提供了发展机遇。因此，如何抓住新兴信息与通信技术给企业带来的便利、创新管理理念，以及提高企业竞争能力和效率，已日益成为企业管理者关注的重大课题。此外，新兴信息技术与通信技术的发展与提高也拓展了管理科学的研究领域，许多管理实践问题的解决方案都需要借助新兴信息和通信技术管理的研究成果来实现。

该领域三个优先发展方向如下。

1）基于互联网的企业战略和运营模式变革及其影响。科学问题举例：新型网络环境下的企业增长、战略、运行模式演变与变革规律，基于云计算的新型外包关系网络管理模式及产业结构的演变规律，新型电子市场的信息产品交易机制，电子商务环境下的供应链管理的合同、协调与信息共享，组织内部的信息技术采纳特征与扩散规律，新技术条件下企业信息化成长过程模式，技术吸收过程与组织战略、组织结构演变的内在联系，以协作式知识创造为核心的“企业 2.0”（Enterprise 2.0）运行模式。

2）信息技术对需求和消费行为影响。科学问题举例：网络消费者行为模式研究、大规模用户参与的消费行为规律、用户个性化需求的企业价值链扩展、基于搜索的精准营销及其业务推荐技术、互联网用户参与对用户行为及企业绩效的影响机制、互联网用户参与对企业市场营销的影响分析。

3）开源信息社会中的电子政务及其影响。科学问题举例：开源信息社会中电子政务的运作机制与管理模式、开源信息社会中的电子政务的安全保障体系研究、开源信息社会中电子政务的信息传输与管理问题研究、政府信息化对社会变革的影响、电子政务支持下的政府绩效评估体系研究。

5. 全球化环境下的重要国家战略资源的安全管理

战略资源安全管理是影响全球政治经济格局和经济发展的重大战略问题。中国作为世界上最大的发展中国家，战略资源的安全管理对我国经济的可持续发展和国家安全具有极其重要的影响。我国当前正面临着更严峻的资源挑战，国家战略资源的安全管理问题日益凸显。目前我国的多种重要战略资源（如石油、铁矿石等）对外依存度已经超过50%，而在全球战略资源市场的话语权方面存在严重缺失，这使我国在国际贸易中蒙受了巨额损失；同时，我国在战略资源管理方面仍然存在明显不足，战略资源的国内、国际格局不够合理，企业“走出去”战略过程中出现了大量亟待解决的管理新问题，这些还无法确保我国在全球范围内拥有持续、稳定和价格合理的资源供应。另外，“被指数化”、“被金融化”成为世界大宗商品的发展趋势，战略资源价格的金融属性逐渐增强，而在国际金融话语权当前被欧美发达国家控制的情况下，我国战略资源安全管理面临着更大的挑战。这些都迫使我们必须从国内、国际两个方面来重新审视和研究我国重要战略资源的安全管理问题，以指导我国战略资源相关的科学决策，从而逐步增强我国的影响力和国际话语权，逐步建立起一整套面向全球的多层次、多渠道的战略资源保障体系，为我国经济的平稳可持续发展提供稳定的资源供应。

该领域四个优先发展方向如下。

1）重要国家战略资源的预测预警。科学问题举例：国家战略资源安全指标体系和监测预警系统研究，重要战略资源消费、生产和进出口量的预测预警，战略资源消费量的预测理论与方法，重要国家战略资源的价格波动机制及预测。

2）重要国家战略资源的安全管理。科学问题举例：大宗商品（粮食、矿石等）经济安全管理机制、水与环境资源的安全管理、我国战略资源产业的可持续发展研究、重要战略资源的产业及区域布局、国际能源格局与国家能源的战略安全、最优石油战略储备规模与储备策略、重要战略资源管理的大型政策分析和模拟工具平台、公共安全管理。

3）国际战略资源的定价机制研究。科学问题举例：全球化环境下国际战略资源价格的形成和演化机制、战略资源相关金融衍生产品的定价机制研究、“被金融化”等新形势对国际战略资源定价权的影响分析、我国战略资源国际市场话语权建设研究。

4）战略资源行业和企业相关管理问题研究。科学问题举例：全球化环境下战略资源行业发展模式研究、战略资源行业相关财政税收激励政策研究、战略资源企业实施“走出去”战略的研究、战略资源企业在国内外产业链的布局优化研究。

三、具有中国特色的重要管理科学问题

1. 基于中国实践的管理理论

对中国本土管理现象的观察、总结、提炼是中国管理科学理论发展与创新的源泉，是中国学者为人类管理科学做出贡献的重要途径。未来 10 年，中国管理知识的创造、传播与应用都应该重点围绕中国管理实践展开。中国实践是研究者的理论源泉，教育者的服务对象，实践者的工作土壤。

立足中国实践是研究未来中国管理科学问题的总体指导思想之一。作为具有致用性的管理科学研究，需要管理科学研究者面对中国管理实践所抽象出来的管理科学问题进行研究。因此，在管理科学研究过程中，要求管理科学能够面对中国改革开放 30 多年来的成功实践和未来社会经济发展需求，利用中国的实践数据和案例，

采用严格规范的科学方法，在中国管理活动的实践情景（包括政治经济体制、技术环境、社会历史文化等特定情景和约束边界）下，研究微观组织（如企业、非营利组织、公共事业单位等）和宏观系统（如金融体系、公共卫生体系等）中管理实践活动中的科学规律，在此基础上发展新的管理科学理论，指导中国社会经济的持续发展，并为世界管理科学的发展做出应有的贡献。

在涉及以上相关领域及其问题的管理科学基础理论研究过程中，要求使用严格的规范方法，在考虑近现代中国管理科学和管理思想发展历史的基础上，搜集实际情况、案例与数据，进行实证研究，为理论的实践应用做出可验证的成果。

该领域四个优先发展方向如下。

1）社会经济转型中的组织管理。科学问题举例：社会经济转型中的组织变革、协调与进化，组织变革中的领导与管理行为特征，组织类型与组织-员工间心理契约模式变化的关系，组织中的文化形成与学习规律，团队过程与团队创造力形成机理，社会转型中人的心理与管理行为关系，非营利组织及其与政府、企业合作协调机制。

2）全球化背景下的企业管理问题。科学问题举例：中国企业国际并购的规律研究、多元化人力资源背景下的员工管理、全球会计准则的协调对中国企业的影响规律、金融工具创新与会计计量方式的互动关系、中国企业管理大型案例库和数据库的建设。

3）中国的国有企业和家族企业管理。科学问题举例：国有企业的治理规律、市场化过程中的国有企业薪酬与绩效管理、家族企业的公司治理与风险控制、家族企业的成长规律与代际传承、经济转型中的劳工关系管理。

4）新兴资本市场中的公司金融。科学问题举例：资本市场信息环境及其与公司财务行为的关系、会计信息质量测度的理论与方法、国有控股上市公司的融资与投资行为特征、新兴资本市场中的融资及其衍生创新规律和监管。

2. 中国特色的公共管理问题

公共管理是一门在一定历史条件下研究社会公共权威的组织形

式及其对社会公共事务进行有效管理与治理行为的学科。公共管理的基础理论与方法是宏观管理与政策研究的基础。当代公共管理的核心理论与研究思维正在向复杂、系统、综合集成的科学方向发展，强调以跨学科综合交叉的知识背景为基础，运用科学规范的实证研究、案例研究与理论演绎相结合的方法，在实践理念上坚持问题导向，以研究和解决复杂的公共管理、社会治理和公共政策问题。

党和政府提出科学发展观，做出构建社会主义和谐社会和建设创新型国家等战略决策，不断深化经济体制和政治体制改革，产生了在中国特殊的历史条件和情景下，推进政府管理创新和服务型政府建设的学术研究需求。中国学者需要结合中国发展的历史路径、时代背景和体制约束，运用中国独特的问题资源和数据资源，进行公共管理领域的基础研究，发展符合国情、具有特色的公共管理理论和方法体系。加强公共管理基础理论与方法的研究，对于提高我国政府的执政能力、应对社会转型期的许多重大管理和政策问题具有重要现实指导意义。

该领域三个优先发展方向如下。

1）中国特色的政府管理基础理论与方法。科学问题举例：政府管理的基本理论、方法与工具，公共决策与政策过程的原理与公共决策仿真环境建设。

2）中国特色的公共管理组织和政策体系研究。科学问题举例：公共管理组织与政策体系研究，公共财政与预算改革的理论与政策科学研究，新时期公共政策、政府转型分析与影响评估，事业单位组织运行机制和管理模式创新。

3）新时期公共事务管理中的基础规律。科学问题举例：人口结构、就业与社会保障，公共卫生、医疗政策与管理，教育与人力资源开发政策，老龄化社会中的管理问题。

3. 新农村建设中的农业与农村发展政策

建设社会主义新农村是我国现代化进程中的重大历史任务。要按照“生产发展、生活宽裕、乡风文明、村容整洁、管理民主”的要求，坚持从各地实际出发，尊重农民意愿，扎实稳步推进新农村建设。建设社会主义新农村，是在全面建设小康社会的关键时期、我国总体上经济发展已进入以工促农、以城带乡的新阶段、以人为本与构建和谐社会理念深入人心的新形势的背景下，中央做出的一个重大决策，是统筹城乡发展，实行“工业反哺农业、城市支持农村”方针的重要手段。

新农村建设涉及建立覆盖城乡的公共财政制度、建立城乡统一的劳动力市场、发育城乡统一的土地市场、深化农村金融改革、建立城乡一体的户籍管理制度等方面。新农村建设的核心是通过城乡一体化的基本方式推进农业和农村的发展，进而富裕农民。然而，由于我国国情和体制方面的独特原因，以及人口资源环境和国际竞争的现状基础与发展目标等因素的制约，实现上述新农村建设目标的难度很大。为此，需要探索中国新农村建设和城镇化发展的特殊规律性，并根据对这种科学规律的认识来制定合理的农业、农村发展政策，引导城镇化进程，从而促进我国城镇化健康发展和城乡统筹协调发展，保障粮食安全，促进全社会的稳定与和谐发展。

该领域四个优先发展方向如下。

1）农村和农业基础制度改革研究。科学问题举例：中国农村集体土地制度与土地使用权流转机制和模式、集体土地使用权流转中对农民利益的保护体系建设、农村土地制度变革与耕地保护的协调机制、基于社会资本视角的乡村治理、宗族文化下的乡村治理模式、农村民主选举下乡村治理模式创新。

2）农村基本公共服务提供机制与政策研究。科学问题举例：中国农村公共服务不足的财政政策研究、人口老龄化与农村社会保障研究、中国城乡公共服务均等化研究、中国农村医疗保障制度创新研究、生物技术安全性及规制政策研究、农业支持与农业补贴政策体系、农村市场扩大内需的实现机理及政策。

3）农业基础（硬件）设施的建设、运营与管理规律。科学问题举例：农村公共基础设施对增加农民收入的作用机理和实证研究、中国农田水利基础设施的治理模式、农村基础设施建设中的投资主体选择研究、农村贫困问题及其治理、生物（转基因）技术对中国农业发展的影响。

4）新型农村金融体系建设管理。科学问题举例：新农村中的投融资机制创新、中国农村互助金融组织运行机制、农村小额信贷模式与风险管理。

四、区域的协调和可持续发展

1. 城镇化与区域发展管理

促进区域协调发展既是贯彻落实科学发展观、构建和谐社会的重要内容，也是全面建设小康社会、推进现代化建设面临的重大任务。近年来，随着一系列促进区域协调发展战略和政策的实施，我国区域经济格局出现了一些积极的变化，区域差距有所缩小，区域发展的协调性也有所增强，但总体来看，区域差距问题依然比较突出，提高资源在区域空间上的配置效率面临一些障碍，生产力和人口空间布局与环境生态承载力存在不协调，各种地方保护主义仍然阻碍着市场一体化进程，促进区域协调发展面临的任务依然十分艰巨。探索中国城镇化发展的规律性特征，按照客观规律的要求，顺应规律引导城镇化进程的发展，总结国内外经验，实行合理的城镇化发展模式和对策，对于促进我国城镇化健康发展，城乡统筹进步，区域协调发展，保证现代化战略目标实现均具有重要意义。

该领域四个优先发展方向如下。

1）中国区域经济发展规律研究。科学问题举例：区域发展的基础理论、区域一体化的利益协调机制、区域产业布局的优化问题、区域经济集聚与区域协调发展机制、区域协调发展的模式和路径选择、区域竞争力形成和演化的科学规律、区域经济转型升级模式、区域自发展能力评价及形成机理。

2）中国城镇化进程相关研究。科学问题举例：城乡住房、土地供需模式及政策研究，（城市、农村）社区建设与社区治理机理，城市化与生态环境协调发展机制和评价研究，城镇化与居民生活、消费方式变迁规律，城市化过程中的新劳工群体的形成及其技能培养。

3）城乡一体化与区域发展研究。科学问题举例：新型城乡一体化规律及相关政策研究、城乡一体化进程中区域发展战略问题研究、城市综合承载力及其对农村人口吸纳能力研究。

4）城乡、区域发展规划理论与政策工具研究。科学问题举例：城乡、区域规划的基本理论、方法与政策工具研究，新时期区域规划的理论、方法与实践，“团块化”（conglomeration）与城市集聚规律，区域农业协调及其可持续发展规律，城市化与农业可持续发展的协调机制。

2. 国民收入分配与城乡收入差距

现阶段，我国收入分配结构中“两个比重”存在较为严重的失衡：一是居民收入占国民收入的比重偏低，二是劳动者报酬在初次分配中的比重偏低。其中，在初次分配中“资本所得偏多、劳动所得偏少”已成为制约普通居民收入水平提高的最大障碍。这两个比重的失衡将直接导致居民的消费倾向下降，在很大程度上削弱我国扩大内需的能力。此外，居民收入比重的不断下降会给人民群众带来强烈的不公平感，给社会稳定带来一定的威胁。因此，提高居民收入在国民收入分配中的比重，提高劳动报酬在初次分配中的比重，加快形成合理的收入分配格局，使广大人民群众更多地分享改革发展成果，显得尤为重要。

目前我国城乡收入差距巨大的现象尤为突出。改革开放以来，我国采取包括全面取消农业税、加大对农业和农村投入力度等多种方式提高农村居民的收入，但与城镇居民收入相比差距仍然较大。虽然目前城乡融合的步伐不断加快，但由于长期以来形成的城乡二元经济结构造成的深层次矛盾在短期内难以消除，农村发展仍然严重滞后于城市，城乡居民的收入差距仍呈扩大趋势。这一问题严重制约了我国农村巨大消费潜力的释放，不仅不利于提高消费对经济的贡献率、降低对外需的依赖程度，而且也将延缓我国全面建设小康社会的进程，不利于整个社会的稳定。因此，探索造成我国城乡居民收入差距的深层次原因，找出制约农民增收的不利因素，探索农民增收的空间，并根据中国的实际情况提出缩小城乡收入差距的有效措施，具有非常重要的现实意义。

该领域三个优先发展方向如下。

1）收入分配与经济发展。科学问题举例：收入分配差距的测量理论与方法、中国收入分配的现状调查、收入分配与经济发展的关系研究、收入分配与经济转型、缩小收入分配差距的政策研究。

2）国民收入分配格局调整研究。科学问题举例：国民收入分配格局及其演变模式、劳动收入在国民收入分配中的比重及其影响、政策对国民收入分配的导向作用研究、财税体制改革与收入分配格局、社会保障与收入分配格局、垄断行政改革与收入分配格局。

3）城乡收入差距的差异及影响机理。科学问题举例：城乡收入差距的地域差异分析、城乡收入差距的主要影响因素研究、农业和工业特性差别对城乡收入差距的影响及机理、政策性因素对城乡收入差距的影响评估、结构性因素（产业结构、就业结构、教育结构、收入分配结构、消费结构等）对城乡收入影响研究、城镇化率与城乡收入差距的相互关系、缩小城乡收入差距的政策研究。

3. 可持续发展管理与宏观政策

可持续发展是以保护自然资源环境为基础，以激励经济发展为条件，以改善和提高人类生活质量为目标的发展理论和战略。在21世纪，低碳经济、绿色经济的发展模式将成为可持续发展的必然选择，我国需要从国家宏观层面考虑能源、资源以及环境政策的宏观管理问题，并对微观层面上的生产、生活、消费模式转变提出客观上的要求。同时，在传统的“可持续发展”概念基础上，我国进一步提出了“生态文明”的概念，更加强调以人与人、人与自然、人与社会和谐共生、持续繁荣为基本宗旨来实现人类的可持续发展。与传统的社会经济发展管理理论相比，这种思想无论对于宏观社会经济体系的运行方式，还是对于微观企业组织的生产模式，都在管理目标、管理手段、管理约束条件、管理的组织参与及其模式等方面具有新的特征，对探索管理活动在这种情形下的新的规律性提出重大要求。

该领域四个优先发展方向如下。

1）人口-资源-环境的政策科学研究。科学问题举例：我国人口-资源-环境政策与经济发展政策协调机制研究、资源税费改革对资源管理的影响研究、我国环境资源规制问题研究、绿色GDP对经济增长方式转变的影响、环境保护与政策绩效评估理论与方法。

2）生态文明下的生产、生活、消费模式转变。科学问题举例：低碳经济约束下的生产方式选择和经济增长模式、可持续的生产与消费方式及其支持体系研究、生态文明模式下的循环经济研究、生态文明建设与可持续消费模式的构建、绿色供应链中的企业间协作和资源整合机制。

3）低碳经济发展模式及政策研究。科学问题举例：资源、环境产权与可持续发展模式，资源与环境的价值评估，基于市场的环境管理政策工具研究，环境问题的数量模型研究，跨界环境问题，生态投资环境与贸易壁垒，环境与资源管理中利益相关者的行为研究，气候变化、低碳经济政策框架、碳交易与碳排放设计，CDM（清洁发展机制）研究，资源、环境与经济可持续发展的关系，绿色GDP测算，节能减排、资源利用效率与机制研究，全球气候变化的不确定性决策问题。

4）宏观经济监测预警与宏观政策模拟研究。科学问题举例：全球经济监测预警指标体系研究、经济监测预警立方体技术研究、宏观经济地理空间监测预警技术研究、基于Agent的政策模拟研究、开放经济下动态CGE模型（可计算的一般均衡模型）的建设、开放经济下DSGE模型（动态随机一般均衡模型）的建设、宏观经济压力测试情景建设的理论与方法。

第三节 未来10年管理科学的重大交叉研究领域

一、复杂金融经济系统的演化及其安全管理

近年来，我国金融市场的交易规模和金融资产种类都出现了飞速增长，如沪深两市股票总市值从2005年年底的3.24万亿元增长到2009年年底的23万亿元，金融机构本外币资产贷款余额从2005年的20万亿元增长到2009年的42万亿元。2009年沪深两市股票总市值和金融机构本外币资产贷款余额分别占到当年GDP的69%和125%。因此，从规模上看，中国经济的“金融化”已经非常明显。同时，随着创业板启动、新型基金和理财产品、金融股指期货上市等金融创新活动的不断出现，我国金融市场正在快速与国际金融市场接轨，在可预见的未来一段时间，我国证券市场的产品种类、交易规模和市场深度及关联性将持续快速增长，再加上金融制度上的独特性，整个中国金融市场体系的复杂程度也在快速增加。面对规模迅速增长并日趋复杂的金融市场，依据“简单”前提构建的主流经典金融经济理论在解释已有现象与指导实践中开始遇到重大挑战。2000年的互联网泡沫所导致的“非理性繁荣”和2008年次贷危机都是理论上人类对复杂金融市场管理规律认识不足与实践中金融市场规模迅速膨胀这一矛盾的集中爆发。

经济和金融市场众多参与者的非完全理性及其依据信息对环境的适应性交互决策行为，造就了现代经济和金融系统的复杂性和不确定性；新一代网络信息技术在全球经济和金融体系中广泛而深入的运用更进一步地推动了信息的多向、快速传播，进而深化了市场的上述特征。在未来若干年中，我国金融市场的产品种类、交易规模、市场深度及与市场关联性将在与国际经济和金融市场接轨中持续快速增长，再加上经济和金融制度、投资者及参与者群体的独特

性，整个中国经济和金融市场体系的复杂程度也在飞速增加。随着计算机信息科学和复杂性科学的快速发展和取得重要突破，从复杂系统的角度对复杂经济和金融体系进行计算建模、探索其动态规律与风险管理成为一种新的可能，从而使其成为非常具有前景的一条解决复杂经济和金融系统安全问题的道路，对于建立科学、安全、合理、高效、稳健的金融经济系统具有基础性的重大意义。

该领域关键科学问题如下。

1）复杂金融经济系统中的微观行为和机制及其宏观涌现和动态演化规律。

2）复杂金融经济系统建模的新原理与新方法。

3）金融经济系统中的复杂网络。

4）复杂金融经济体系中开源信息与建模。

5）复杂金融经济系统中的创新及其风险与安全管理。

6）复杂金融经济系统的监管体系、运行机制和模式等。

该领域重点研究方向如下。

1）复杂金融体系的创新及安全管理。

2）复杂金融体系的运行机制与管理模式。

3）复杂金融体系中的金融工程研究。

4）复杂金融体系的模型仿真与计算。

5）复杂金融体系建模的基础理论、方法和原理。

6）复杂金融体系的监管体系运行机制和模式。

二、服务科学工程与管理

随着生产型经济的高度成熟和信息技术的飞速发展，人类社会的经济形态已经逐步由工业化、信息化进入服务化，服务业成为现代经济中最具发展潜力的领域，并且已占据了当今社会和经济的主导地位。服务将逐渐成为制造业竞争优势的新源泉和价值增长点，并导致管理理念的变革和制造业生产方式的改变。

服务科学与工程是管理科学、数学、决策科学、工业工程、计算机科学和社会科学等诸多领域的综合体。信息与通信技术的发展促进了管理的变革，这为服务领域的发展提供了便利条件，为管理科学的变革提出了要求。服务科学主张运用具有管理、技术等交叉知识的人才，并有效地利用服务的无形资产，使政府、企业获得更大的服务收益。同时，在与现代信息、通信等技术紧密结合的情况下，服务科学与工程的发展不仅可以提高组织的运作效率、减少运作成本，而且其关键信息技术的发展也将促进传统组织业务流程的重构和竞争力的提高。

此外，从服务科学的角度来看，产品本身并没有价值，其价值是通过顾客的协作生产与协作创造过程产生的，因而对服务价值的正确预测、设计和评价决定了企业绩效。然而服务不同于一般商品，它具有无形性、易逝性、消费和生产的同步性、差异性。无形性导致其难以有形度量，易逝性导致其难以储存，消费和生产的同步性导致其时间的局限性，差异性导致同质的服务而价值不同。上述这些原因，使得对于服务价值的度量与管理，目前还很少有普适性的理论、方法或技术。而对服务价值进行定量的模型化并研究其价值优化方法与服务效果评价，也将成为服务科学的重要问题之一。

因此，在充满挑战和变化的当今世界，积极推动服务科学和技术的发展，对于人们通过服务获取更多的创新机会，促进经济发展和改善人类生活质量，解决日益增长的服务需求与服务效率低、创新少的矛盾，改进生产和生活方式，满足中国经济的发展需求等具有重要的实际和战略意义。

该领域关键科学问题如下。

1）服务参与者行为和服务系统。

2）基于先进 IT 的服务系统及其关键技术。

3）服务系统的运营优化和协调。

4）服务系统创新管理模式。

5）服务技术与应用理论。

6）网络环境下的服务系统设计。

7）基于参与者行为和价值创造的服务系统理论。

8）基于用户行为的服务策略设计和能力优化。

9）具有网络外部性的服务系统均衡和服务产品定价模型与理论。

10）拥有分散决策行为的公共服务的效率与有效控制机制。

11）具有低碳和排污权交易的供应网络的价值创造和服务。

12）不对称信息的多层服务组织的激励机制设计。

13）可视化可跟踪的智能服务系统的系统构架及其关键实现技术。

14）面向服务的高效能信息处理能力优化理论与技术等。

该领域重点研究方向如下。

1）生产-消费者协作过程建模。

2）服务价值的产生过程建模。

3）基于顾客心理和行为的服务价值度量。

4）服务价值的协作创造度量建模。

5）服务价值的开发与优化。

6）服务价值的认知和评估问题。

7）基于先进信息技术的服务系统及其关键技术。

三、新兴网络信息技术与组织管理模式创新

近些年来，国际互联网和全球通信等信息技术的飞速发展及广泛应用，使科技、经济、文化和社会正在经历一场深刻的变化，人类已经进入以信息化、网络化和全球化为主要特征的经济发展的新时期。信息已成为重要的资源，信息技术已成为几乎所有活动的支撑性技术，信息管理的重要性日益显现。信息技术的发展正在改变社会资源的配置方式，人们的价值观念、工作和生活方式。

新一代信息网络呈现出明显的分布型、交互式、多源化特征。企业、公共事业单位等组织借助这种新型信息网络技术，在知识工作者间实现了和谐、透明、高效协作的全新工作模式。网络信息技术通过特定的信息技术基础设施彻底地改变企业内部的信息与知识的传递及产生方式，进而改变组织文化、管理层级结构、资源分配方式，乃至最终改变产品和服务的生产模式。这种转变对根植于组

织的层级结构、信息单向传输、自上而下的规划等传统企业模式的管理科学理论及其改进是一种全新的挑战，由此也引发出了许多亟待解决的新的管理科学问题。

该领域关键科学问题如下。

1）新一代网络技术对组织文化的塑造。

2）互动网络中的组织运营安全。

3）组织中整合的协作平台技术。

4）基于新一代移动网络的企业与公共管理组织的运行模式创新。

5）社会网络对商业模式的影响。

6）基于 Web2.0 技术的营销。

7）企业 RSS & Syndication。

8）企业内即时通信与威客技术。

9）新一代互联网络下的企业运营与高性能计算/云计算等。

该领域重点研究方向如下。

1）基于新一代网络信息技术的组织管理模式变革。

2）新一代网络信息技术对需求和消费行为的影响。

3）开源信息社会中组织管理模式和运行机制。

4）基于云计算的信息技术服务外包。

5）信息系统安全与业务连续性管理。

6）新型电子市场的信息产品交易机制。

7）基于新一代网络信息技术的组织成长及演化规律。

四、老龄健康的复杂影响机理

我国人口老龄化趋势日益严峻。截至 2009 年年底，我国 60 岁以上的老年人口已经达到 1.67 亿人，占全国总人口的 12.5%，并且呈现出加速增长的趋势。高龄老人、生活不能自理老人、空巢老人数量庞大。按比较保守或相对乐观的中低死亡率方案预测，我国 65 岁以上老年人将从 2005 年的 1 亿人（占总人口 7.7%）增加到 2050 年的 3.3 亿～4.1 亿人（占总人口 23%～26.5%），最需照料的80岁及以上高龄老人将从2005年的1300万人迅猛增加到2050年的1.1亿～1.6亿人。

人口老龄化将引起社会人口结构、投资结构、消费结构、产业结构的重大变化，并对我国经济社会的发展产生多方面的深远影响。我国老年人口数量及其增长速度均高居全球榜首，老年人口年均增长速度超过西方大国两倍。因此，在我国人口寿命延长、老龄化加剧不可改变的趋势面前，研究哪些社会因素、行为因素、环境因素、遗传因素及其交互作用影响老年人口健康，探索如何实现中国人群健康长寿的保障机制对于“未富先老”的中国来说意义尤其重大，是国家重大而又迫切的战略需求，是关系到国计民生、国家长治久安和发展的不容忽视的全局性、战略性问题。然而，我国在应对人口老龄化的严峻挑战，尤其是在老龄健康影响因素及保障机制的跨学科研究与对策方面准备还很不足，急需加强。

该领域关键科学问题如下。

1）围绕实现“老有所养、老有所医、老有所乐、老有所学、老有所为”的目标，探索如何完善老年社会支持体系，实现老龄健康友好型社会的宏观政策规划和行动方案。

2）研究社区环境如何影响老龄健康及健康长寿地区成因机制。

3）研究社会经济和自然条件不同地区老龄健康的保障机制。

4）研究社会因素、行为因素、环境因素、遗传影响因素本身及其交互作用对老龄健康影响的方向、大小和作用机制。

5）建立中国老龄健康影响因素跨学科研究数据库和全国资源共享研究平台等。

该领域重点研究方向如下。

1）适应老龄化趋势的新型医疗、社会保障体系研究。

2）区域社会因素、经济因素、环境因素对老龄健康的影响与保障机制研究。

3）老年人及其照料者的心理健康、保障机制和干预途径研究。

4）社会、行为、环境因素影响老龄健康相关基因表达形式和生物功能的表观遗传研究。

5）人口老龄化与健康产业发展。

6）老龄健康友好型社会体系相关宏观政策研究。

7）社会、行为、环境、遗传因素及其交互作用对老龄健康影响的跨学科综合交叉研究。

五、气候变化系统和低碳经济模式及其影响

气候变化一直是国际上关注的问题，以低碳经济为核心的增长方式已成为全球发展的新态势，进行合理的经济结构调整，发展低碳经济也成为我国可持续发展的切实选择。低碳经济的发展趋势不可逆转，而低碳概念已涉及能源、建筑、电力设备、材料等领域，并已从高端概念变成了现实的需求和挑战。低碳经济是以低能耗、低排放、低污染为基础的经济模式，其核心是能源问题。综观世界各国应对低碳经济发展所采取的行动，技术创新和制度创新是关键因素，政府主导和企业参与是实施的主要形式。

由于低碳经济的核心是能源问题，所以其需要通过技术创新、制度创新、产业转型、新能源开发等多种手段，尽可能地减少煤炭石油等高碳能源消耗，减少温室气体排放，达到经济社会发展与生态环境保护双赢的经济发展形态。低碳经济是人类社会继原始文明、农业文明、工业文明之后的又一大进步。低碳经济涉及的行业和领域十分广泛，主要包括低碳产品、低碳技术、低碳能源的开发利用。在技术上，低碳经济则涉及电力、交通、建筑、冶金、化工、石化等多个行业，以及在可再生能源及新能源、煤的清洁高效利用、油气资源和煤层气的勘探开发、二氧化碳捕获与埋存等领域开发的有效控制温室气体排放的新技术。发展低碳经济是一场涉及生产模式、生活方式、价值观念和国家权益的全球性革命。

中国经济几十年的高速发展，主要建立在能源、资源大量消耗的基础上，迅速的工业化给环境带来了很大破坏。当前，中国已步入小康社会的全面建设时期，在未来较长一段时期内，能源短缺、资源紧缺、环境保护与可持续投资环境的建立将成为我国经济社会发展面临的重要问题。因此，对低碳经济的研究具有强烈的社会需求。作为高度融入经济全球化进程的追赶型大国，中国的资源环境

与可持续发展问题，在很大程度上已成为“世界问题”，并且这些问题具有不同于发达国家和其他发展中国家的特点和规律。因此，发展“低碳经济”具有当前的紧迫性和重要性。

该领域关键科学问题如下。

1）全球气候系统演化规律与人类行为关系。

2）碳足迹、地球生态系统与可持续发展。

3）减排代价及其社会经济影响。

4）低碳生活方式的相关产业管理体制与运行模式。

5）资源与环境的价值评估。

6）环境与资源管理中利益相关者的行为研究。

7）低碳经济、节能减排与能源安全。

8）低碳发展战略下的企业行为和市场格局。

9）碳排放权市场机制与碳金融创新等。

该领域重点研究方向如下。

1）低碳经济的政策体系。

2）低碳经济发展的中长期战略规划。

3）低碳技术创新的公共政策与管理体制。

4）人口-资源-环境的政策科学研究。

5）生态文明下的生产、生活与消费模式的转变。

6）全球能源战略与政策。

第六章

管理科学的国际合作与交流

第一节　管理科学国际合作的发展态势

从论文发表情况看，美国在管理科学各个领域的指标都遥遥领先，是发表国际合作论文的主要国家，与其世界第一经济、军事大国的地位相称。与此同时，中国的管理科学经过 30 多年的发展，已经在某些研究领域成为位居世界前列的重要力量，在给定领域的 SCI/SSCI 期刊群的检索上，论文数量位居前列。例如，在管理科学中的运筹与优化方法、信息技术与管理、对策理论与应用、供应链管理、管理系统工程理论与方法、交通运输理论与方法、电子商务、市场营销等领域的论文数量都仅次于美国。在企业信息管理、图书情报档案管理等领域进入前三位，在金融政策与管理领域进入前四位；在科技管理与政策领域进入前七位。在 *Science*、*Nature*、*Management Science*、*Operation Research*、*Production and Operations Management*、*Journal of Finance* 等国际顶尖学术期刊上也逐渐有论文发表。

但是，在某些国际前沿和新兴领域（如基于行为的管理理论、风险管理理论），以及国内研究积累相对薄弱或者与国际学术主流有一定差异的领域（如工业工程、企业理论、创新管理、公共管理与公共政策、劳动就业与社会保障、医疗卫生管理与政策、教育管理与政策等领域），中国学者的研究仍相对落后于国际前沿。

从国际上主要科学基金组织的资助重点来看，以宏观管理与政策学科为例，卫生健康、全球治理、资源环境、能源政策等是主要的资助与国际合作领域。

第二节　我国管理科学开展国际合作与交流的基本情况

从论文发表来看，管理科学中国学者参与发表的国际（含地区）合作论文中，与各领域国际领先地位的国家或地区学者合作发表的占大多数，其中尤以与美国学者合作发表的论文为最。例如，管理科学与工程学科，近10年来，中国学者与美国学者合作发表的论文数量远远超过与其他国家合作发表的数量。综合来看，加拿大、英国紧随其后，分别排在第二位和第三位，澳大利亚大约处于第四的位置，最后是日本、中国台湾、韩国和新加坡。第三名以后的国家的学者与中国学者合作发表论文数占中国学者合作发表总论文数的比重基本都小于5%。[①] 但细分来看，具体到各个领域又略有不同。以宏观管理与政策学科为例，在农林经济管理领域，除与美国合作外，与菲律宾、印度、泰国、斯里兰卡等发展中国家（主要是农业大国）合作的比例也较高。再以工商管理学科为例，在非营利组织管理领域，中国学者与在这方面具有独特经验的孟加拉国学者的合作较多，占到该领域全部国际合作的第三位。

从国外主要科学基金组织对国际合作的资助情况来看，一些学界普遍关注的问题成为它们资助的重点。以宏观管理与政策学科为例，近年来主要集中在清洁能源、卫生健康、环境保护、人口老龄化、城市发展、食品安全、农业、气候变化、传染病防控等领域。值得注意的是，在那些具有“全球治理”特征的领域，如能源、环境、气候变化等领域，几乎所有重要的国外基金组织都将中国列为

① 战略研究组利用SSCI与SCIE检索对2000～2009年管理科学与工程学科学术产出分析整理得到。

主要的合作对象。这表明，中国管理科学开展国际合作与交流有巨大的潜力与空间。

从国家自然科学基金委员会国际合作资助情况来看，虽然资助额度总体上呈增长态势，且最近几年来华短期访问和讲学的比重有所增加，但是，一方面，资助形式比较单一，主要以在华召开国际会议和国内学者出国参加学术会议等一般性交流为主，实质性的合作研究较少；另一方面，对国际合作与交流的投入远远不足，而且在领域分布上不均衡，这与国际合作研究往往需要较多经费（如国际旅费）支持的要求不相适应。这些问题在国家其他各类研究计划与基金资助中也同样存在。

从合作成效来看，国际合作是提高国际学术论文发表数量的有效途径，中国学者发表国际论文较多的领域，一般也是国际合作比例较高的领域。以宏观管理与政策学科为例，农林经济管理领域的国际合作比例达到 86.11%，金融政策与管理领域为 77.22%，公共管理与政策领域为 74.07%，医疗卫生管理与政策领域为 72.73%，宏观经济战略与管理领域为 68.60%，其他领域的国际合作率也在 40%～50%，平均国际合作率为 55.61%。① 工商管理学科国际论文的合作发表率平均为 53.26%，其中发表论文数量最多的物流与供应链管理领域国际合作比例为 49.14%，项目管理领域为 44%，运作管理领域为 58.33%。② 通过国际合作，我国管理科学研究的学术水平、规范程度、国际影响力均得到了较大提升。

从存在问题来看，仍以论文发表为例，一方面，中国学者特别是中国内地学者合作发表的国际论文数量仍然较低，中国内地学者与中国香港、中国台湾学者相比，国际合作网络范围较小、合作伙伴也比较单一，国际论文发表集中在少数机构和学者。这表明我国管理科学的国际学术竞争力总体上仍然较弱，国际学术共同体参与

---

① 战略研究组根据宏观管理与政策学科 81 种国际学术期刊 2004～2009 年发表论文分析整理得到。

② 战略研究组利用 SSCI 检索 2004～2008 年工商管理学科学术产出分析整理得到。

程度较低，领先队伍和优势机构较少。另一方面，在相当一部分领域，如宏观管理与政策学科的相关领域，中国学者合作发表国际学术论文的重点仍集中在具有中国特色的管理问题之上，表明中国学者所关注的问题更加“中国化”，与国际学术主流话语有一定的差异。从合作伙伴来看也不够多样化，高度集中在美国、英国、加拿大等国家，而对在某些领域研究水平同样较高的国家（如德国、法国、意大利、荷兰、瑞典、西班牙、日本、韩国）的重视与合作不够。同时中国内地学者与中国台湾学者、中国香港学者之间的交流与合作也有待加强。

第三节 我国管理科学国际合作与交流的战略选择、总体布局与优先领域

日益规范的研究方法与日趋国际化的研究视野，使中国管理科学具备国际合作的基础。而全球性管理科学问题与具有中国特色的管理问题的出现，为中国管理科学的国际化合作提供了良好的契机。与此同时，经验表明国际合作是提高国际学术论文发表数量的有效途径，是中国学者走向世界的必由之路。中国学者发表国际论文较多的领域，一般也是国际合作比例较高的领域。

一、国际合作与交流的战略选择

我国管理科学国际合作与交流的战略选择是坚持与高水平伙伴合作的基本原则，突出与科学发达国家合作的主渠道，选择有特色的领域实现国别多样化。

从合作对象来看，美国仍然是最重要的合作伙伴。首先，从学术水平讲，美国是当今世界之翘楚，与其合作有利于提高我国

学者的科研水平、成果质量与影响力。其次，美国经济实力雄厚，科研，特别是基础研究投入巨大，奥巴马政府更是承诺将增加对科学技术研究的支持力度。我国学者与美国学者合作能够获得先进理念、前沿信息和更为广泛的合作网络，赴美国合作研究更能够利用其一流的科研环境与科研条件。再次，美国与中国合作对未来一系列全球重大问题的解决具有重要意义，美国学者对与中国学者合作的积极性很高。最后，近 20 年来的长久合作已经为中美学者展开更深入的合作研究奠定了较好基础。因此，继续将美国定位为未来国际合作与交流的首要对象是符合历史、现实和未来利益的。

与此同时，也应尽可能多地开辟新的合作渠道，实现合作伙伴的多元化。除美国外的其他重要发达国家，如英国、加拿大、澳大利亚等，也有其各自的学科优势。例如，作为老牌的后工业化资本主义国家，英国在管理科学领域，特别是基于行为的管理、风险管理、金融工程、战略管理、企业理论、组织理论、会计审计、财务管理、运作管理、创新管理、创业管理、项目管理、服务管理、非营利组织管理、科技政策等领域实力很强，在这些领域可以关注与英国的合作机会；作为资源大国，在资源环境管理领域，加拿大、澳大利亚有很强的研究实力；在城镇与区域发展、图书情报（信息资源）管理、人力资源管理等领域，则呈现出美国、英国、加拿大、荷兰、西班牙、比利时、丹麦等多国领先并存且差距不大的局面。因此，在这些领域可以多样化选择合作伙伴。在加强与领先国家合作的同时，也应重视与发展中国家，特别是那些与我国面临相似问题，并且具有自身研究特色的发展中大国的合作，如在农林经济管理领域重视与印度、菲律宾、泰国等农业大国的合作。

从合作形式来看，应当鼓励国际合作与交流从一般性交流向实质性合作，特别是合作研究的转变。努力与国际基金组织达成更多正式合作协议，特别应当鼓励中外双方对等的合作研究、以中国学者为发起人或提议人的国际合作研究，并邀请和支持国外学者来华进行合作研究。

二、国际合作与交流的总体布局与优先领域

我们根据学科合作需求（围绕实现学科战略发展目标的需求、寻找新学科生长点、推动中国科学家主导的重要国际合作计划等方面）、合作发展基础（如对方优势资源和能力、以往合作基础等）和主流与多样化结合三个维度选择优先合作领域，制定相应的国别政策，确认了五个合作的优先领域，以及相应的优先合作的国家，具体如下。

1. 基于行为的复杂管理系统研究

1）优先合作方向：① 管理中的个体和群体行为研究；② 具有行为复杂性的管理系统规律。

2）优先合作国家：美国、加拿大、英国和日本。

2. 新兴技术与服务经济中的企业管理

1）优先合作方向：①服务科学、工程与管理；② 服务性制造。

2）优先合作国家：美国、日本、英国和加拿大。

3. 公共政策科学

1）优先合作方向：①公共治理与规制的基础理论；② 领域政策的基础理论与政策原理研究；③ 气候政策、环境政策、社会政策、农业政策等；④ 公共组织管理的基础理论与方法。

2）优先合作国家：英国、美国和比利时。

4. 区域与农村发展

1）优先合作方向：① 贫困问题及其治理研究；② 农业风险与农作物保险；③ 区域（含城乡）发展与协调的理论与政策；④ 城市化、城市扩张与城市管理变革；⑤ 城乡土地利用与土地政策。

2）优先合作国家：美国、加拿、英国和日本。

5. 创新系统与科技政策

1）优先合作方向：①创新系统绩效与创新能力评估；② 技术转移、技术学习与吸收能力关系研究；③ 生物经济、生物技术创新与相关规制政策研究。

2）优先合作国家：英国、比利时和美国。

第七章

我国管理科学发展的保障措施和建议

第一节　改善资助结构

要完成未来10年的战略构想，保证学术、人才及基础建设等目标的顺利完成，充沛的研究经费是重要的保障。目前无论是侧重基础研究的国家自然科学基金，还是偏重应用与政策的其他基金，其规模都难以支撑未来中国管理科学的发展。从参加管理科学研究的人数来看，我国已经具备相当的人力资源基础。但是，发挥这些人力资源的潜在优势，需要扩大各类基金的资助面，加大总体投入。我们要充分利用国家实施科教兴国战略的大好机遇期，抓住国家不断增加公共研究投入的契机，提高和扩大管理科学的基金总量，与此同时，鼓励全社会增大对管理科学研究的投入规模（陈玲，2005）。

未来10年，应当形成各类科学基金与计划（国家、部门、地方）定位清晰、协调合作、稳定合理的学科资助体系，同时大力开辟民间资助（如捐赠大学、设立研究基金、设置讲座教授席位等）与国际合作等新的资金来源渠道；在优化资助体系的同时调整资助结构，在国家层面上统筹考虑竞争性科研投入与保障性科研投入的资助比例、资助渠道与资助方式，促使各类科学基金与计划在明晰定位的基础上设置不同的资助结构。

要解决我国经济社会发展和管理实践中面临的一系列重大问题，提升学科整体实力与研究水平，就必须在管理科学的基础理论、基础方法与基本问题研究方面加大投入力度。在现有资助体系中，侧重基础研究的基金种类较少。这导致对基础研究支持的力度与范围都不能满足未来10年对于基础研究的需求，因此需要继续加大对管理科学基础研究的资助力度和比例。

在研究资金的分配方式方面，要从全国的整体资源分配角度，加大长期连续性资助方式的使用比重，降低短期竞争性资助方式的使用比重。在过去科技经费比较短缺的情况下，采用市场化的竞争方式来有效分配科学研究资金资源，这在当时的历史条件下是正确的选择。然而，这种过度竞争的分配方式在现实中存在的种种弊端也逐步显现。随着国家财政收入的迅速增加及科技经费投入的快速增长，目前已经迎来了变革科学研究资金资源分配模式的时机，我们需要在大量对短期项目的竞争性资助模式的现状基础上，逐步增加对长期性连续性研究领域和团队的资助模式比重，使科学家有更多的时间真正投入管理科学的研究活动，而不是疲于项目申请报告的写作、评审，使他们能够用更长远的学术眼光去发现和研究更加基础性、原创性的科学问题，从而推动中国管理科学研究从量到质的飞跃。这种资助模式的转变需要全国不同渠道的密切协调与配合，使适合不同资助模式的机构分别进行擅长的操作（例如，在国家自然科学基金中，面上项目、重点项目可以通过延长资助周期、增加资助强度的方式来实现上述转变，但依旧坚持由科学家主体进行资源分配决策的优良传统）。

第二节 转变资助模式

在科研投入极其有限的条件下，按照国民经济需求的轻重缓急配置资源，强调产出的及时性与针对性，有其合理性与必要性。但这种采取发展技术的思路对科学资源进行配置的方式本质上有悖于科学发展的一般规律。在未来10年，如果继续采取这种“重短期轻远期，重效率轻效果”的资源配置方式，则很难实现在系列领域产生重大突破的学术目标以及培养领军人物的人才目标。因此，在国家加大科研整体投入的基础上，要真正从科学研究的基本规律出发，积极转换国家各类科学基金与计划在资源配置方面的思路。在此基础上，形成一整套致力于学科基础研究与长远发展、科学合理并相对稳定的资助政策、管理制度与工作机制。

在转换资源配置方式的同时，我们必须考虑到基础研究投入产出的不确定性特征。为了减少资源配置转换过程中产出的不确定性，必须进一步削弱行政力量在资源配置中的地位，增加科学家群体在项目决策过程中的作用。切实发挥专家在项目评审与评价中的价值，大力推广多级专家评审、异议复议制等同行评议制度，尽可能将资源配置到可能产生重要成果的领域。

第三节 实施大科学计划

根据其他学科及国外学科发展的经验，组织大型研究计划，特别是多部门联合的大科学计划，其被证明是有效拉动多个领域发展、推动学科交叉的有效手段。为了拉动未来 10 年一些关键学科与特色领域的发展，在管理科学领域有必要启动大型研究计划。

经过长期的学习与积累，中国管理科学的发展取得了长足的进步：一方面，在一些具体领域跨入了世界前沿行列，但尚未形成系统的、主要基于原创性研究的系列成果，特别是在基础理论、研究方法与研究范式方面缺少创新与突破；另一方面，管理科学发展日益呈现学科交叉趋势，全球化背景下的具有中国特色的重要管理问题日益增多，这些问题的解决有赖于管理科学各个分支乃至管理科学与自然科学其他学科、工程科学、社会科学的共同努力。

未来 10 年，应在认真研究学科发展内在规律和管理实践重大需求的基础上，由国家相关部门组织实施管理科学大型研究计划，集中力量突破社会发展中遇到的重大现实问题的理论瓶颈，并以此带动学科体系建设、研究方法与研究范式创新，实现学科发展水平的整体提升。与此同时，应更加关注和支持管理科学的原创性研究，进一步明确“知识原创性”（original）评价指标在各类项目的申请评审、结题评估中的重要性。按照“更加侧重基础”的战略发展思想，通过学科发展的优先领域布局，运用各类指南引导立项的发展方向，推动具有重大原创性价值的重点项目（群）、重大项目、重大研究计划的立项。根据管理科学基础研究的规律和特点，针对核心科学问题，在研究基础较好、有望形成特色或取得重要突破的优势领域进行重点支持，促进管理科学在优势领域的基础理论和方法的研究和创新，促进具有“顶天立地”特色的学科领域的原创性研究和标志性成果的繁荣，逐渐形成在国际上具有重要影响的优势领域。

第四节　加强队伍与条件建设

从世界各国的普遍经验来看，科学研究中最为确定，也是收益率最高的就是对人才的投入。而基础研究本身更是人才培养的关键环节与必然途径，这一点对于管理科学这一将“人的能动性”纳入研究对象的学科而言尤为重要。未来10年，在管理科学研究上，国家应继续加大在人才培养方面的投入与重视程度，为实现“人才强国”与中国管理科学“走向世界”的目标提供坚实的人才保障。具体措施包括以下五点。

1）提高国家各类科学基金和计划中用于人才培养部分的比例。

2）研究、完善并推广国家自然科学基金创新研究群体科学基金项目和国家杰出青年科学基金项目，中国科学院“知识创新工程”、“百人计划”，教育部“长江学者奖励计划”、“创新团队发展计划”、“新世纪优秀人才支持计划”，以及国内外其他重要科学基金和计划在科学研究与人才培养相结合方面的成功经验与做法。

3）由科研部门、教育部门、财政部门共同探索基础研究与人才教育相结合的创新性机制，如在科学基金、计划、项目中设立研究生奖学金专项或经费，建立起从高端领军人才、研究骨干队伍，直到青年后备力量的分层次人才资助与培养体系。

4）结合项目资助与机制创新，通过稳定支持、重点支持、群体支持、非共识支持等方式，激励高端领军人才和学术大师、高水平研究团队与创新型人才的大量涌现。

5）为了鼓励更多的优秀人才参与管理科学研究，可以在国家科学技术进步奖中设立管理科学类奖项，对取得显著社会经济效应的原创性成果进行奖励。对于某些具有中国特色的管理议题，可以设立专业奖项，鼓励企业界与科学界的各类优秀人才参与评奖。

学科基础设施是基础研究实现自主创新、跨越发展的基础。管理科学的“基础设施”是基础研究的基础，也是当前管理科学发展的短板，需要更多地被关注和支持。管理科学的“基础设施”包括大量的基础性数据、资料、案例和理论研究文献，研究型的数据库、案例库等，也包括一些特殊的软件系统及专用的实验设备。与自然科学的其他学科不同，管理科学研究主要基于对人类社会经济系统运行的观察、模拟、分析与预测，需要大量基础数据（包括观测、实验数据与调研数据）、实际案例、分析平台与工具的支撑。例如，金融工程研究需要各种经济金融数据，工业工程研究需要各种人因信息数据库，宏观经济决策需要进行政策效果模拟与仿真，数据挖掘需要相应的公共数据平台与软件工具等。基础设施的投入与保障是科学发展的必要条件，需要从基础设施源头上做起，为科学家的深入研究创造更好的服务平台，从而促进管理科学的原始创新和整体均衡发展。因此，未来10年，国家各类科学基金与计划，应在协调合作、整合资源的基础上集中力量进行专门数据库、研究案例库、分析工具库及政策模拟与仿真实验室的建设，建立一个由国家自然科学基金委员会、中国科学院、科技部等部门联合的管理科学研究基础数据平台建设项目，为现有数据集成、微观数据调查、二手数据购买及相应的开源数据提供服务。与此同时，应重点加强与宏观决策、管理实践部门的合作，包括引入专业化服务机构（如专业调查公司、数据库运营服务商），联合建立经常性的数据采集与加工机制以及开放化、专业化的公共数据库与研究分析平台，为学科发展提供有力的技术支持。

第五节　推进高水平国际合作

国际合作对于推动中国管理科学研究走向世界，实现“顶天立地”的目标具有重要的基础性作用。未来10年，在管理科学实现从跟踪模仿向创新突破的转变后，应适时调整国际合作的策略，实现从参与式合作向对等合作、主导型合作的转变。具体包括三个方面。

（一）在项目资助方面

在本书第六章确定的国际合作优先领域框架下，我们进一步细化国别研究，根据不同国家在管理科学研究中的领先方向和中国管理科学发展的基础和现状，提出重点合作领域。选择一些我国具有优势的学科领域，设立类似于科学基金重大研究计划层次的、定向资助的国际研究计划，设立基于全球公共问题与中国情境的、中国学者提出并主导的国际合作研究计划；适当扩大国家自然科学基金委员会目前外国青年学者研究基金项目的规模和强度，使外国青年学者研究基金真正成为类似于洪堡模式的具有广泛国际影响和地位的青年学者研究基金，并通过建立联谊会的形式，长期跟踪、保持联系，逐步形成中国科学基金外国学者群体。设立基于全球公共问题与中国情境的、面向全球招标的研究项目与计划，鼓励国外高水平学者申请并来华工作，集全球智慧为我所用。积极与其他国家的科学基金组织开展联合资助；从而促进中国管理科学在自己的特色领域和别国的领先方向之间实现实质性合作研究，产生实质性合作成果，使国际合作真正成为进一步推动中国管理科学跻身国际前沿的推动力，进而实现在国际上形成中国管理科学若干优势领域的战略发展目标。

（二）在平台建设方面

未来10年，一方面，国家应通过投入机制、支持机制、管理机制与相关政策的探索与创新，积极鼓励专业学报、专业学会、专业会议的发展与举办，特别是改革现行的期刊管理体制和学会（协会）管理体制；鼓励并兴办以本土学术共同体为基础的高水平中英文学术期刊、专业学报，以及真正以专业学者为主体的、服务于学术共同体的专业学会，加大对基于中国本土学术共同体的国际交流平台（如国际学术期刊、会议、研究中心）的资助，或者将中国高水平期刊英文化，争取SSCI/SCI期刊检索中增加对中国期刊的检索率。另一方面，通过项目支持、虚拟研究网络（E-science，E-research）、学术交流平台与网络建设、促进国际交流与合作等多种形式，大力推动管理科学内部交流、跨学科交流，以及国内学术共同体的形成，并促进中国学者参与国际学术共同体，持续重点资助在中国举办的、具有重要国际学术影响力的系列国际会议，从根本上改变国际科研合作中大多中国学者处于边缘和从属地位的现状。

在主要的科学合作国家和地区，设立国家自然科学基金委员会与中国科学院联合海外办公室，在当地驻外使领馆配合下，与国外机构形成网络和战略合作伙伴关系，招徕优秀人才，重点促进基础研究的国际合作。

第六节　交叉学科研究的组织创新

管理科学的发展以服务国家重大管理需求为问题导向，在管理科学研究的科学问题与中国管理现实问题之间建立明确的“依存路径”，研究成果注重对科学发展和提高为管理实践服务的能力与水平做出实质性贡献。未来10年，管理科学的发展将努力为解决中国管理实践中的重大问题提供坚实的管理科学理论与技术方法支撑，同时在解决中国实际管理问题的过程中发展管理理论与方法，促进管理科学知识创新。管理科学作为一门致用的综合性交叉学科，其理论体系的完善和创新需要对交叉学科研究的组织管理模式进行创新。

首先，对交叉学科研究的支持进行顶级设计，资助政策要把交叉学科研究放在优先考虑的位置，同时要具有可操作性，对影响学科发展的具有学科交叉特征的重大问题进行定期讨论与评议，整合研究力量解决最具前沿性和迫切性的科学问题。当前开展多学科交叉合作研究面临多方面的困难，人力资源管理体系、学术评价体系等都制约着多学科的交叉融合，顶层设计这种自上而下的方式会有效改善这种状况（刘小鹏和蔡晖，2008）。

其次，以国家重大管理需求为导向的综合性交叉管理问题的研究，在项目指南编制、项目申报、项目评审和项目执行过程中都需要不同于单一学科发展的组织和政策保障，加强管理科学知识创新与中国管理实践的密切结合。科学技术发展规划、学科发展战略和重大科学技术都要为解决国家经济建设、社会发展中的重大科学管理问题提供咨询，从而推动科学技术政策和措施的制定与实施。

最后，建立多样化的信息交流平台，大力加强科学研究与宏观决策、管理实践部门之间的交流与合作，鼓励学者到政府与企业部门实践和任职，鼓励政府官员、企业管理者、社会专业人士到高校和研究机构讲学和工作，将科学研究、人才培养、管理（决策）咨询有机地结合起来，真正实现管理科学知识传播与研究成果的实践转化，为中国管理水平的提高与经济社会的发展做出切实的贡献。

建议设立创新型的国家级交叉学科研究中心和产业联盟，促进具有实质意义的深度交叉学科研究；在条件成熟的情况下，建议在中国科学院下面设立专门的管理科学学部，承担上述学科发展的重要职能。

主要参考文献

陈玲，苏竣，茅炫．2005. 国家自然科学基金的资助格局和政策研究．科学学研究，22（6）：583～588.

陈晓田，朱东华．1997. 正确认识管理科学在科学体系中的地位．管理工程学报，11（2）：75～81.

陈晓田．2001. 国家自然科学基金资助管理科学 15 年回顾与展望．中国科学基金，6：332～336.

陈晓田．2006. 科学基金与管理科学．中国科学基金，4：241～243.

陈晓田．2009. 国家自然科学基金委和我国管理科学（1986～2008）. 北京：科学出版社.

陈宜瑜．2006. 深刻认识现代基础研究发展的规律．中国科学院院刊，21（2）：91，92.

成思危．2000. 中国管理科学的学科结构与重点选择．管理科学学报，3（1）：1～6.

郭重庆．2008. 中国管理学界的社会责任与历史使命．管理学报，5（3）：320～322.

国家自然科学基金委员会管理科学部．2006. 管理科学发展战略——暨管理科学"十一·五"优先资助领域．北京：科学出版社.

金吾伦，蔡仑．2007. 对整体论的新认识．中国人民大学学报，3：2～9.

李曙华．2006. 当代科学的规范转换——从还原论到生成整体论．哲学研究，11：89～94.

刘小鹏，蔡晖．2008. 中美主要资助机构支持交叉学科研究之比较．中国基础科学，3：37～40.

刘云，周文能，邹立尧，等．2003. 基础科学研究前沿领域的国际大科学研究计划．中国基础科学，5：40～46.

刘作仪，杜少甫．2008. 服务科学管理与工程：一个正在兴起的领域．管理科学，5（4）：607～615.

刘作仪，查勇．2009. 行为运作管理：一个正在显现的研究领域．管理科学学报，12（4）：64～74.

苏勇，刘国华．2009. 中国管理学发展进程：1978～2008. 经济管理，31（1）：164～172.

谭力文．2009. 论管理学的普适性及其构建．管理学报，6（3）：285～290.

汪应洛．2005. 当代中国管理科学与工程的学科发展与创新．管理学报，2（1）:1～3.

王礼恒．2007. 中国航天的科学管理．中国航天，3：3～8.

张俊瑞，王鹏．2008. 国家社科基金应用经济学科资助项目统计分析．软科学，22（6）：82～87.

赵纯均，吴贵生．2008. 中国高校哲学社会科学发展报告（1978～2008）：管理学．桂林：广西师范大学出版社.

中华人民共和国科学技术部．2009. 国际科学技术发展报告 2009. 北京：科学出版社.

朱桂龙，赵学文，刘作仪．1997. 对 NSFC 鼓励学科交叉研究的政策认识．科学学与科学技术管理，18（12）：6～9.